Mama, chill mal!

Felicitas Römer

Mama, chill mal!

Pubertät und trotzdem gut drauf

Patmos Verlag

VERLAGSGRUPPE PATMOS
PATMOS
ESCHBACH
GRÜNEWALD
THORBECKE
SCHWABEN

Die Verlagsgruppe
mit Sinn für das Leben

Für die Schwabenverlag AG ist Nachhaltigkeit ein wichtiger Maßstab ihres Handelns.
Wir achten daher auf den Einsatz umweltschonender Ressourcen und Materialien.

Bibliografische Information der Deutschen Nationalbibliothek
Die Deutsche Nationalbibliothek verzeichnet diese Publikation in der
Deutschen Nationalbibliografie; detaillierte bibliografische Daten sind im
Internet über http://dnb.d-nb.de abrufbar.

Alle Rechte vorbehalten
© 2014 Patmos Verlag der Schwabenverlag AG, Ostfildern
www.patmos.de

Umschlaggestaltung: Finken & Bumiller, Stuttgart
Umschlagabbildung: © Judywie / photocase.de
Druck: CPI – Ebner & Spiegel, Ulm
Hergestellt in Deutschland
ISBN 978-3-8436-0528-1 (Print)
ISBN 978-3-8436-0530-4 (eBook)

Inhalt

Voll cool, ey! Teenager sind besser als ihr Ruf
Plädoyer für eine unbeliebte Spezies 9

Fröhlich reifen
Wie sich Ihr Kind in der Pubertät entwickelt 12
Hormone! Wenn der Körper macht, was er will 13
Alles klar und echt verwirrt: Aufklärung ist mehr als Nach-
hilfe in Bio.. 16
Voll peinlich: Sexualität und Scham...................... 17
Let's talk about sex! Und warum das manchmal schwierig ist 19
Die Baustelle unter der Schädeldecke: Ist der Stirn-
lappen schuld? 21
Kognitive Revolution: Der clevere Teenager............... 24
»Wer bin ich und wenn ja, warum?« – Entwicklungs-
aufgaben im Jugendalter................................ 26
Emotionale Achterbahn: Zwischen »total gut drauf«
und »alles voll ätzend« 30
»Ich bin okay« – Selbstannahme wäre ein schönes Ziel...... 34

Gemeinsam wachsen
Warum Pubertät die ganze Familie bewegt 36
Plötzlich Chaos? Pubertät und Familiendynamik............ 37
Zoff – ja bitte! Warum Familienharmonie überbewertet wird 41
Warum Streit hilft. Und wie Sie Ihren Teenager auf die
Palme bringen 43
Wehmut, Stolz und andere Gefühle – was Jugendliche
auslösen 48
»Homies« und »Best Friends«: Warum Gleichaltrige jetzt
so wichtig sind 53
Partnerschaft: Immer schön lebendig bleiben 55
»Nerv nicht!« Geschwisterliebe, Geschwisterstress 58
Selbstfürsorge: 5 Tipps, sich Gutes zu tun 62

Flauschig bleiben
Die etwas andere Art, mit Jugendlichen umzugehen 64
Von wegen zickig! 10 Sachen, die Heranwachsende
liebenswert machen 65
Mein Kind, das fremde Wesen? Interessiert sein! 68
Gute Gespräche führen 69
Die Kunst der Annahme: Jugendliche lieb haben 73
Muss man auf seine Kinder stolz sein? Warum Schule
und Leistung überbewertet werden 76
Schluss mit »pädagogisch wertvoll«! Sondern:
Sparringspartner werden 79
Einfach ich. Oder: Wie geht »authentisch sein«? 82
Das Wesentliche sehen: Achtsamkeit ist heilsam 87
Güte und Geduld: Altmodische Tugenden dringend
benötigt 90
Heute schon gekichert? 10 (unkonventionelle) Tipps
für den Alltag mit Teenagern 96

Hilfreich sein
So stärken Sie Ihren Jugendlichen 98
Da sein: Die Kunst der elterlichen Präsenz 98
»Ich bin ich und du bist du« – gute Abgrenzung 100
»Ich will doch nur dein Bestes« – wie geht »fördern«? 104
Prinzip Selbstwirksamkeit: Was Jugendlichen guttut 108
Vertrauen: Ohne Vorschuss geht es nicht 110
Erste Liebe. Und warum Eltern sie schützen sollten 113
Trösten oder was? Wenn das Kind Kummer oder
Sorgen hat 116
Autonomie fördern. Und warum es nicht um Ab-
schied geht 122
Loslassen lernen: 10 Tipps 124

Herausforderungen meistern
Konflikte mit Jugendlichen lösen 127
Typisch Teenager: Was tun, wenn …? 128
»Ich chill' dann mal!« – warum »Faulenzen« und
»Nichtstun« jetzt dazu gehören 133
Provokationen. Und welche Funktionen sie erfüllen 136
»Ich will aber!« Mitbestimmen lassen 139

Was spüre ich, was möchtest du? Konflikte lösen
mithilfe der Gewaltfreien Kommunikation 141
7 No-Gos: Was Sie jetzt lieber lassen sollten 147

Geht doch!
Warum das Leben mit Teenagern Spaß macht 149

Anhang 151
Anmerkungen 151
Quellennachweis 151

Voll cool, ey! Teenager sind besser als ihr Ruf
Plädoyer für eine unbeliebte Spezies

Erinnern Sie sich noch an die Schwangerschaft? War das nicht eine aufregende Zeit? Und war die Freude auf die Geburt nicht stärker als jede Sorge und Furcht?

Ich frage das, weil die sogenannte »Pubertät« von Entwicklungspsychologen gern als »zweite Geburt« bezeichnet wird. Verständlich. Immerhin geht es in beiden Phasen um Abnabelung – im konkreten wie im übertragenen Sinne.

Und? Freuen Sie sich auf diese »zweite Geburt« Ihres Kindes genauso wie auf die erste? Ach, nicht so richtig? Willkommen im Club! Wenige Eltern freuen sich auf die Pubertät ihres Kindes. Gemischte Gefühle sind hier das Minimum. Einige Mütter und Väter haben eine diffuse Angst vor dieser Familienphase. Oder zumindest gehörigen Respekt. Viele sorgen sich, ihr Kind könnte in der Pubertät denselben Blödsinn veranstalten wie sie selbst damals. Andere wiederum grauen sich davor, von ihrem Teenager »schlecht« behandelt zu werden oder mit ihm nicht mehr klarzukommen.

Doch sind Teenager wirklich so schrecklich? Sind sie allesamt pickelige und mies gelaunte Monster, die uns das Leben zur Hölle machen? Die ihr Zimmer vollmüllen, nur um uns zur Weißglut zu treiben?

Nein, natürlich nicht. Doch leider hat der Jugendliche keinen guten Ruf. Besonders die Medien bedienen das Bild des »schwierigen Pubertisten«, der gelangweilt in seinem Zimmer herumhängt, die Eltern beschimpft oder das nächstbeste Auto knackt. Ein missratener Teenager lernt Regeln laut TV nur noch in der Wüste oder im Dschungel. Selbst die Super-Nanny kann hier nichts mehr ausrichten.

Das negative Image der Jugend hat lange Tradition. So soll schon Sokrates moniert haben: »Die Jugend liebt heute den Luxus. Sie hat schlechte Manieren, verachtet die Autorität, hat keinen Respekt mehr vor älteren Leuten und diskutiert, wo sie arbeiten sollte. Die Jugend steht nicht mehr auf, wenn Ältere das Zimmer betreten. Sie widerspricht den Eltern und tyrannisiert die Lehrer.«

Viele Jugendgenerationen haben gegen die herrschenden Konventionen ihrer Eltern rebelliert und versucht, neue Werte in die Gesellschaft zu integrieren. Dass das nicht ohne generationsübergreifende Konflikte abgehen kann, ist klar. Aber es ist nun mal das gute Recht junger Menschen, das soziale und politische Leben mit- oder umzugestalten. Oder sogar ihre Pflicht? Schließlich gäbe es sonst keine Veränderung, keinen Fortschritt, keine neuen Ideen in dieser Welt. Man denke nur an die 68er-Generation, die sich nur mit massivem Kraftaufwand von der kriegsgeschädigten Elterngeneration lösen konnte und durch Provokationen viele gesellschaftliche Veränderungen in Gang gesetzt hat.

Heute sind Jugendliche weniger wegen ihrer revolutionären politischen Haltung unbeliebt, sondern weil sie einfach den gewohnten Familienfrieden durcheinanderbringen. Sie stellen die Werte der Eltern in Frage, nehmen gnadenlos deren Argumentation auseinander und verhalten sich oft wenig bestätigend. Das ist für manche Eltern schlecht zu ertragen.

Jugendliche werden oft als laut oder unzugänglich, als launisch, »aggressiv« oder desinteressiert beschrieben – oder alles zusammen. Nur sehr wenige Eltern sagen: »*Meinem Kind geht es nicht gut. Es leidet unter der Pubertät.*« Viele sagen aber: »*Mein Kind ist schwierig. Es verhält sich provokativ, es nervt, es ist anstrengend, es bringt mein Leben durcheinander. Ich will das nicht!*«

Teenager werden leider oft auch nicht ernst genommen: Haben sie Kummer oder Ärger? »*Die Pubertät ist schuld.*« – »*Das gibt sich.*« – »*Der regt sich schon wieder ab.*« – »*Das darf man nicht zu wichtig nehmen.*« Oder: »*Selber schuld! Wer sich anständig benimmt, der wird auch anständig behandelt.*« Das ist insofern bedauerlich, als sich hinter der widerspenstigen oder spröden Fassade meistens ein zartes und verletzliches Wesen verbirgt, das dann ungesehen und allein bleibt.

Die wenigsten Jugendlichen sind wirklich »problematisch«. Die meisten pubertieren moderat und friedlich vor sich hin und haben mit dem Klischee des exzessiven Jugendlichen nichts gemein. Viele Teenager sind fröhliche und höchst kreative Gesellen. Sie sind liebenswert, sensibel, witzig, frech und ehrlich. Okay, manche sind laut und fordernd. Andere eher ruhig und verschlossen. Mal geht es ihnen »voll super«, mal sind sie mies drauf. Auf jeden Fall bringen sie Schwung in die Bude und katapultieren uns aus unserer emotionalen Komfortzone. Und das ist gut so. Sie bereichern damit nämlich unser Leben. Und wer in der Lage ist, selbstkritisch und humorvoll sein eigenes Verhalten unter die Lupe zu nehmen, wird es im Umgang mit Teenagern viel leichter haben.

»*Mama, chill mal!*« Genau! Bleiben Sie entspannt. Jugendliche sind keine Monster, Kakteen oder Stinkstiefel. Sie »haben gerade Pubertät«, mehr nicht. Und Sie als Eltern sind bestens dazu geeignet, Ihren Kindern jetzt beizustehen.

Fröhlich reifen
Wie sich Ihr Kind in der Pubertät entwickelt

»*Hilfe – mein Kind kommt in die Pubertät!*« Denken Sie das auch manchmal? Vermutlich, denn Sie halten ja gerade dieses Buch in der Hand. Es ist eine gute Idee, sich mit diesem Thema auseinanderzusetzen, bevor die Wellen über einem zusammenschlagen. Was Sie aber nicht zu haben brauchen, ist Angst. Weder vor der Mutation Ihres Kindes zu einer Art Monster. Noch davor, zu versagen. Wenn Sie es bis jetzt geschafft haben, Ihrem Kind eine zuverlässige Mutter zu sein, dann kann auch jetzt eigentlich nichts mehr schiefgehen. Denn die Grundlage, die Sie geschaffen haben, wird Ihrem Kind helfen, gut durch die Pubertät zu kommen. Ihre Saat wird Früchte tragen. Darauf können Sie vertrauen.

Starten Sie also fröhlich und wohlgemut in die Pubertät Ihres Kindes. Machen Sie sich von Anfang an klar, dass es *nicht darum geht, Fehler zu vermeiden oder Probleme zu verhindern. Sondern darum, sich auf die Pubertät des Kindes einzulassen.* Dazu gehört u. a.:

- die Pubertät des Kindes als wichtigen (nicht nur lästigen!) Lebensprozess zu würdigen;
- die Pubertät als besonders intensive Lebensphase zu akzeptieren, in der sich alle Familienmitglieder »bewegen« müssen;
- bereit zu sein, sich in gewissem Maße mit sich selbst, den eigenen Gefühlen, Werten und Bedürfnissen zu beschäftigen;
- wiederholt und geduldig zu versuchen, das pubertierende Kind zu sehen und zu »lesen«.

Um einen Jugendlichen und sein Verhalten besser verstehen (»lesen«) zu können, ist es hilfreich, sich bewusst zu machen, was er gerade alles so durchmacht – physisch, psychisch, mental, emotional und überhaupt. Darum geht es in diesem Kapitel. Denn: Wissen hilft, Verständnis und Mitgefühl zu entwickeln.

Hormone! Wenn der Körper macht, was er will

Pubertät ist bekanntlich, wenn die Eltern peinlich werden. Sie ist aber in erster Linie der Lebensabschnitt, in der sich das Kind langsam zum Erwachsenen entwickelt und dabei viele verschiedene Entwicklungsaufgaben zu bewältigen hat. In der Wissenschaft bezeichnet man die Pubertät als den Teil der Adoleszenz, in dem die Geschlechtsreifung erfolgt. Rein biologisch betrachtet geht es also darum, dass das Kind fortpflanzungsfähig wird. Das hört sich simpel an, ist aber in Wirklichkeit ein hochkomplexes Geschehen, das hier nur grob skizziert werden soll.

Alles beginnt im Kopf, genauer gesagt im Gehirn: Der Hypothalamus im Zwischenhirn, der als oberste Steuerungszentrale des menschlichen Hormonsystems fungiert, beginnt nämlich bereits einige Jahre vor der Pubertät, das Protein Kisspeptin zu produzieren. Damit wird der Körper in die Lage versetzt, den Prozess der Geschlechtsreifung in Gang zu setzen. Kisspeptin wiederum bewirkt die Ausschüttung des sogenannten Gonadotropin-Releasing-Hormons, das seinerseits in der Hypophyse (Hirnanhangdrüse) dafür sorgt, dass zwei weitere Hormone produziert werden: das sogenannte luteinisierende Hormon (LH) sowie das follikelstimulierende Hormon (FSH). Diese Hormone gelangen dann in den Blutkreislauf und regen in den jeweiligen Keimdrüsen, den Hoden bzw. den Eierstöcken, die geschlechtliche Reifung an. Sie initiieren einerseits die Produktion von Samen- und Eizellen, sorgen aber auch dafür, dass vermehrt Sexualhormone gebildet und ausgeschüttet werden.

Im Körper des Jungen ist das vor allem das Testosteron, im Körper des Mädchens das Östrogen. Diese Geschlechtshormone werden durch das Blut im Körper verteilt und sorgen hinfort für die körperlichen Veränderungen, die das Kind ab jetzt durchmacht.

Meistens geht der eigentlichen Pubertät ein heftiger Wachstumsschub voraus: Das Kind schießt plötzlich in die Höhe, besonders Arme und Beine wachsen schnell und deutlich. Oft passen dann die körperlichen Proportionen nicht mehr so recht zueinander: Der Junge wirkt schmächtig und schlaksig. Manche Mädchen schießen ebenfalls in die Höhe und wirken hager, andere wiederum entwickeln zunächst ein bisschen »Babyspeck«. Beides ist kein Grund zur Sorge und gleicht sich mit der Zeit wieder aus, kann aber für den betroffenen Teenager durchaus mit Leidensdruck verbunden sein – vor allem, wenn er sich dazu »dumme Kommentare« anhören muss. Hier ist Zurückhaltung gefragt, auch seitens der Eltern!

Östrogen und seine Folgen: Was im Körper des Mädchens passiert

- Nach dem Startschuss durch die Geschlechtshormone beginnen beim Mädchen zunächst die Milchdrüsen und dadurch die Brust zu wachsen. »Knospung« nennt man es, wenn sich zunächst die Brustwarze verdickt und manchmal druck- und schmerzempfindlich wird. Die meisten Mädchen sind heutzutage so um die 10 Jahre alt, wenn das passiert. Etwa mit 15 oder 16 ist die Brust ausgewachsen.
- Die Figur wird langsam weiblicher: Am Bauch, an den Beinen und an der Hüfte lagert sich aufgrund des ausgeschütteten Östrogens Fett ab.
- Auch die inneren Geschlechtsorgane verändern sich langsam: Die Gebärmutter wächst, die Scheidenwand verdickt sich. Die ersten Eizellen reifen heran, das Mädchen kann harmlosen, hellen Ausfluss bekommen (Weißfluss).
- Die Schamhaare beginnen zu sprießen, zunächst spärlich, dann dichter im Schambereich, etwas später auch in den Achselhöhlen.
- Etwa im Alter zwischen 11 und 16 hat das Mädchen zum ersten Mal seine Menstruation, man nennt das Menarche. Auch wenn in dieser frühen Phase oft noch kein Eisprung stattfindet, so markiert dieser wichtige Einschnitt im Leben eines Mädchens seine beginnende Fruchtbarkeit: Es könnte ab jetzt schwanger werden.
- Die geschlechtliche Reifung des Mädchens beginnt im Allgemeinen etwa mit 10 und ist etwa mit dem 18. Lebensjahr abgeschlossen.

Testosteron und Co.: Was im Körper des Jungen passiert

- Bei Jungen bewirkt der erhöhte Testosteronspiegel im Blut das Wachstum des Hoden, der Nebenhoden, des Penis, der Prostata und der Samenleiter.

- Auch beim Jungen wachsen bald Haare, zunächst im Schambereich, etwas später unter den Achseln und auf der Brust. Zuletzt setzt der Bartwuchs ein, der zunächst als Flaum erscheint und manchmal erst nach Jahren dichter wird.

- Das ausgeschüttete Testosteron lässt den Kehlkopf des Jungen wachsen, der »Adamsapfel« entsteht.

- Die Stimmbänder werden länger und dicker. Da sie nun weniger schwingen, wird die Stimme tiefer. Allerdings wachsen die Stimmbänder nicht immer gleichmäßig, so dass die Stimme unkontrollierbar zwischen hoch und tief schwankt und manchmal krächzend oder piepsend ist: Der Stimmbruch ist da!

- Das Testosteron sorgt auch dafür, dass der Junge nun kräftiger wird, da er Muskelmasse aufbaut, und dass seine Gesichtszüge männlicher werden.

- Auch wird der Penis des Jungen nun häufiger steif, oft nachts, aber leider auch in höchst unpassenden Situationen, ganz ohne eigenes Zutun. Das passiert, weil der Körper physiologisch übt. Das kann den Jungen durchaus gelegentlich stören oder ihm peinlich sein.

- Der erste Samenerguss, auch Spermarche genannt, geschieht überraschend und unwillkürlich, oft nachts im Schlaf. Das ist weder zu kontrollieren noch zu verhindern und von daher manchmal auch etwas unheimlich. Oft findet er im 13. oder 14. Lebensjahr statt, manchmal aber auch erheblich früher oder später. Oft sind die ersten Ejakulationen noch ohne Spermien, da diese noch gar nicht produziert wurden.

- Die geschlechtliche Entwicklung des Jungen beginnt im Allgemeinen etwa mit 12 und ist etwa mit dem 20. Lebensjahr abgeschlossen.

Alles klar und echt verwirrt: Aufklärung ist mehr als Nachhilfe in Bio

Auch wenn sich diese körperlichen Veränderungen schön sachlich beschreiben lassen, so können sie Kinder gehörig irritieren. Teenager sind oft überrascht, wenn sie das erste Schamhaar entdecken oder plötzlich von sexuellen Fantasien und Bedürfnissen überrollt werden. Umso wichtiger ist es, dass Jugendliche gründlich aufgeklärt sind, bevor es so richtig losgeht.

- *Erzählen Sie Ihrem Kind rechtzeitig und relativ genau, was in nächster Zeit mit seinem Körper geschehen wird.*
  Wenn Sie das selbst mit Scham erfüllt, so ist das eher normal als merkwürdig: Wir alle schließlich haben unsere Schamgrenzen, die es zu respektieren gilt. Trotzdem sollten Sie mit Ihrem Kind sprechen – auch wenn es Ihnen schwerfällt.
- *Sprechen Sie aber nicht nur über biologische Fakten, sondern auch über ungewohnte Gefühle, die jetzt auftreten können.*
  Erklären Sie Ihrem Kind, dass es normal ist, wenn es angenehme Gefühle wie Lust, Freude oder Stolz empfinden wird; aber dass auch unangenehme Gefühle wie Sorge, Traurigkeit oder ein unklares Unwohlsein hochkommen können. *Betonen Sie, dass alle diese Gefühle normal und erlaubt sind.*

Jugendliche reagieren auf die körperlichen und psychischen Veränderungen trotz guter Aufklärung manchmal irritiert. Die erste Menstruation kommt – trotz aller theoretischen Vorbereitungen – doch irgendwie überraschend. Das kann ein Mädchen verwirren. Manche sind stolz, endlich »eine Frau zu sein«, manche haben Bauchschmerzen und fühlen sich nicht gut, andere wiederum haben ein diffuses merkwürdiges Gefühl von Fremdheit dem eigenen Körper gegenüber. Und einige haben von alldem ein bisschen. Seien Sie also nicht überrascht, wenn ein Mädchen, das gerade seine Tage bekommen hat, weinerlich und anhänglich wirkt, also eher regressiv reagiert. Das ist eine typische Folge, wenn große Entwicklungsschritte anstehen. Gehen Sie mit solchen Reaktionen verständnisvoll und gelassen um, damit Ihre Tochter sich sicher und geborgen fühlt.

Ein Junge wird vielleicht nicht von seinem ersten Samenerguss berichten, so dass es hier oft schwieriger ist, konkret darauf zu reagieren. Deshalb ist es besonders wichtig, ihm rechtzeitig zu vermitteln, dass es normal ist, unwillkürliche Erektionen und Ejakulationen zu bekommen. Es gibt Männer, die als (unaufgeklärte) Jungen fürchteten, an einer schlimmen Krankheit zu leiden, nachdem sie ihre erste Ejakulation erlebt hatten. Solche Ängste sollte man Kindern und Jugendlichen unbedingt ersparen. Schön wäre es natürlich, wenn sich der Vater dieses Themas annehmen würde, in Form eines offenen Vater-Sohn-Gespräches. In der Realität drücken sich leider manche Männer davor: Sie sind selber von ihren Vätern nicht aufgeklärt worden und wissen nicht, wie sie es anstellen sollen. Das ist verständlich. Umso löblicher wäre es, trotzdem einen Versuch zu starten. Selbst wenn das Gespräch holprig ausfallen sollte und der Sohn peinlich berührt raunzt: »*Papa! Das weiß ich doch schon alles!*«, so stellt sich der Vater doch immerhin als männlicher Ansprechpartner zur Verfügung. Und allein das ist schon Gold wert!

Es ist übrigens durchaus auch hilfreich, zuzugeben, dass man selber Scham empfindet, denn das entlastet auch den Teenager. Eine Prise Humor kann natürlich auch nicht schaden!

Voll peinlich: Sexualität und Scham

Viele Grundschulkinder haben schon Erfahrungen mit Selbstbefriedigung und anderen sexuellen Experimenten gemacht, oft unbemerkt von den Eltern. Das ist entwicklungspsychologisch betrachtet vollkommen gesund. Es kann dabei auch zu gleichgeschlechtlichen sexuellen Spielereien gekommen sein, ohne dass das irgendetwas über die spätere geschlechtliche Ausrichtung aussagt. Erste Schwärmereien, etwa für Popstars, kommen in diesem Alter ebenfalls schon vor und können durchaus als sehr intensiv bis leidvoll erlebt werden.

In der Pubertät nun steht der Jugendliche vor der Aufgabe, seine kindliche Sexualität in eine Erwachsenensexualität zu überführen. Daher kommt es während der Pubertät zu einer Intensivierung und Veränderung der Sexualität. Die ausgeschwemmten Hormone beflügeln erotische Fantasien, was für Mädchen und Jungen anfangs oft gleichermaßen reizvoll wie verwirrend ist. Auch homoerotische Fantasien kommen häufig vor, was besonders Jungen verunsichern kann. Die Vorstellung, möglicherweise schwul zu sein, ist immer noch mit Ressentiments und Angst verknüpft, zumal Jungen sich kaum trauen, mit anderen Jungen oder ihren Vätern darüber zu sprechen.

Insgesamt gilt: Je freier und unbefangener der Teenager im Kindesalter mit seinem eigenen Körper umgehen konnte und je körperfreundlicher die Erziehung bisher war, desto weniger Gewissensbisse wird der Jugendliche haben, wenn er erotische Fantasien hat oder sich selbst befriedigt. *Eltern tun nun gut daran, den Teenager damit in Ruhe zu lassen, seine Intimsphäre zu respektieren und ihn auf keinen Fall zu kontrollieren.* Auch das andere Geschlecht wird nun zunehmend interessant, es wird geflirtet, der Teenager testet seine Wirkung aus, bis es dann irgendwann zum ersten Kuss und mehr kommt. Dass das eine besonders aufregende Zeit ist, wissen Sie noch aus Ihrer eigenen Jugendzeit. Hoffen und Bangen, der erste herzzerreißende Liebeskummer, die Sorge, dem bzw. der Auserwählten womöglich nicht zu gefallen, Konkurrenz und Eifersüchteleien – all damit hat der Jugendliche nun erstmals in größerem Ausmaß zu tun. Das macht Stress, manchmal positiven, manchmal unangenehmen. Und manchmal ist das dann der Grund dafür, die Schule zu vernachlässigen und sich leidenschaftlich den eigenen Stimmungen und Sehnsüchten hinzugeben.

Auch Scham spielt in der Pubertät eine große Rolle. Die Bedeutung dieses Gefühls wird häufig unterschätzt. Scham berührt sehr viele Aspekte unseres Lebens, in besonderer Weise aber die eigene Körperlichkeit. Der Teenager wird sich seines sich verändernden Körpers bewusst: Er fühlt sich manchmal darin noch unvertraut und entwickelt ein neues oder ausgeprägteres Schamgefühl. Selbst wenn Sie bisher in der Familie sehr freizügig mit Körperlichkeit und Nacktheit umgegangen sind, so kann es sein, dass sich das Kind plötzlich ins Badezimmer einschließt und sich ab jetzt konsequent nicht mehr »oben und unten ohne« blicken lässt. Nicht mal Mama darf mehr rein. Basta. Und das ist gut so. *Wenn Jugendliche ihre Schamgefühle ernst nehmen und klare Grenzen setzen, schützen sie damit ihre Intimsphäre. Das ist ein wichtiger Entwicklungsschritt in Richtung Selbstständigkeit.* Lange waren es die Eltern, die das Kind in seiner körperlichen Integrität geschützt haben. Nun muss der Jugendliche lernen, es selbst zu tun.

Die Scham eines Kindes hat also keinesfalls etwas mit Verklemmtheit zu tun, sondern mit einer gesunden Haltung dem eigenen verletzlichen Körper und der ebenso verletzlichen Seele gegenüber. *Indem Ihr Teenager seine Intimsphäre schützt, grenzt er sich auf gesunde Weise ab. Diese Form der Abgrenzung sollten Sie unbedingt respektieren!*

Let's talk about sex! Und warum das manchmal schwierig ist

Man möchte meinen, wir lebten in einer Gesellschaft, in der Sex kein wirkliches Tabu mehr sei: Überall hängen Plakate mit nackten Frauen herum, in Zeitschriften und Internet findet man Infos und Sex-Tipps. Pornos sind problemlos online zu ordern, es gibt Sexualkunde in der Schule usw. Die Jugend scheint so gut aufgeklärt zu sein wie noch nie eine Jugendgeneration zuvor.

Das stimmt. Einerseits. Andererseits haben diverse Untersuchungen zutage befördert, dass heutige Teenager sowohl erstaunlich große Wissenslücken als auch oft unrealistische Vorstellungen von Sexualität haben. Sex mit einem Partner bzw. einer Partnerin ist nicht immer leicht, leidenschaftlich und berauschend, wie es in Werbung und Filmen oft suggeriert wird. Sexualität zwischen zwei Menschen kann besonders in jungen Jahren enttäuschend oder kompliziert sein. Schließlich braucht es ein gewisses »Feintuning«, wenn Menschen sich sexuell begegnen. Und wie soll das funktionieren, wenn man noch nicht mal genau weiß, wie es überhaupt genau geht? Das gemeinsame Entdecken der Sexualität erfordert viel gegenseitigen Respekt und Geduld. Woher weiß ich, was sie/er will? Mache ich alles richtig? Bin ich begehrenswert? Mag der/die andere mich wirklich so, wie ich bin?

Viele Jungen empfinden Leistungsdruck, weil sie souverän wirken und potent sein wollen. Wenn das dann nicht klappt, erleben sie das als Beschämung. Mädchen haben oft ambivalente Gefühle und Sorgen, nicht schlank oder sexy genug zu sein. Angesichts der überall präsenten schönen und dünnen Models fürchten sie, dass der Liebste sie mit diesen vergleichen könnte. Lust auf Sexualität und Angst vor Beschämung und Kränkung sind hier oft miteinander vermischt.

Mit all diesen Gefühlen, Bedürfnissen und Sorgen müssen die Teenager umgehen lernen. Das ist ganz schön viel auf einmal!

Mag es vielen Eltern noch leichtfallen, das Kind über die körperlichen Veränderungen in der Pubertät zu informieren, so haben viele echte Hemmungen, mit dem Kind über Sexualität zu reden. Die Tatsache, dass auch Kinder oft schamvoll mit diesem Thema umgehen und es mit dem Satz: »*Ich weiß doch eh' schon alles!*« abwehren, macht das Ganze auch nicht leichter.

Viele Jugendliche wollen nicht über ihr Sexualleben reden – und das ist völlig in Ordnung so. Denn abgesehen davon, dass das eine sehr intime Angelegenheit ist, beginnt der Teenager doch gerade erst, sich von

Ihnen abzulösen, sich aus seinem Kindsein und seiner Abhängigkeit zu befreien. Da wäre es doch ein Rückschritt, sich mit diesem heiklen Thema an seine Eltern zu wenden. Eher vertrauen sie sich ihren Freundinnen oder Freunden an, lesen Dr. Sommer in der »Bravo« oder googlen sich die Finger wund.

Erwarten Sie also nicht, dass Ihr Teenager Ihnen irgendetwas von seinen erotischen Fantasien oder gar sexuellen Handlungen erzählt. Ihr Kind hat auch hier ein Recht auf seine Intimsphäre. Stellen Sie auch keine indiskreten Fragen, die Ihren Sohn oder Ihre Tochter in Verlegenheit bringen.

Kurz und kompakt: Was jetzt wichtig ist

- Vermitteln Sie Ihrem Kind, dass es sich mit Fragen an Sie wenden kann. Sagen Sie ihm das aber auch nur, wenn Sie es ehrlich meinen.
- Stellen Sie Ihrem Kind seriöse Informationsquellen zur Verfügung, z. B. Bücher oder das unten genannte kostenlose Infomaterial der Bundeszentrale für gesundheitliche Aufklärung – besonders wenn das Thema Sie überfordert oder Ihr Kind nicht mit Ihnen sprechen will.
- Finden Sie eine gelassene Haltung dazu, dass Ihr Kind jetzt verstärkt sexuell mit sich selbst (und später auch mit anderen) experimentiert. Wenn Ihnen das schwerfällt, versuchen Sie herauszufinden, woran das liegt: War die Entdeckung Ihrer eigenen Sexualität womöglich belastet? Was sind Ihre Sorgen? Haben Sie selber Enttäuschungen erlebt und wollen Ihr Kind davor schützen? Versuchen Sie unbedingt, die eigenen Erfahrungen nicht auf Ihr Kind zu übertragen. Ihr Kind muss einen gewissen Freiraum für eigene (sexuelle) Erfahrungen haben.
- Weisen Sie Ihre Tochter bzw. Ihren Sohn auf die Notwendigkeit von Verhütungsmitteln hin und fragen Sie immer mal wieder nach, ob diese jetzt langsam nötig werden.
- Klären Sie Ihr Kind über Aids und andere Geschlechtskrankheiten auf, und zwar ohne ihm Angst zu machen. Schließlich soll Ihr Teenager seine Sexualität möglichst angstfrei ausprobieren können. Schutzmaßnahmen erklären: Ja! – Panikmache? Nein!

Literaturtipp: Auf den Internetseiten der Bundeszentrale für gesundheitliche Aufklärung (www.bzga.de) können Sie unter dem Menüpunkt »Infomaterialien« eine 79-seitige Broschüre zu dem Thema: »Über Sexualität reden. Die Zeit der Pubertät« kostenlos bestellen oder herunterladen. Es gibt dort auch informative und kostenlose Broschüren für Jungen und Mädchen rund um das Thema Sexualität.

Die Baustelle unter der Schädeldecke: Ist der Stirnlappen schuld?

Bis vor ein paar Jahren war man der Überzeugung, dass ausschließlich Hormone an dem merkwürdigen Verhalten von Jugendlichen schuld seien. Doch dann machten Forscher die Entdeckung, dass sich das Hirn eines Jugendlichen in einem gigantischen Umbauprozess befindet. Ebenso wie dies bereits in der sehr frühen Kindheit geschieht, verdickt sich nun die graue Substanz des Gehirns. Millionen neuronaler Verbindungen werden neu geknüpft, Millionen andere wiederum verschwinden. Diejenigen Nervenbahnen, die vom Jugendlichen häufig benutzt werden, avancieren zu einer Art »Datenautobahn«, auf der die Informationen blitzschnell weitergeleitet werden. Das bedeutet, dass Jugendliche nun genauso schnell denken können wie Erwachsene. Mindestens.

Andere Nervenverbindungen, die weniger oder gar nicht genutzt werden, werden hingegen stillgelegt. Viele Fachleute gehen davon aus, dass das Gehirn in diesen Wachstumsphasen besonders lern- und aufnahmefähig, aber auch besonders anfällig ist, etwa für die Entwicklung psychischer Erkrankungen.

Dieser kolossale Umbauprozess umfasst das gesamte Gehirn des Jugendlichen. Allerdings findet er regional zeitversetzt statt, die Hirnreifung vollzieht sich sozusagen von hinten nach vorn: Zunächst werden nämlich die Hirnteile umgebaut, die für die Kontrolle der Bewegungen, die Wahrnehmung, die Orientierung und die Sprache benötigt werden. Der Stirnlappen hingegen, der sich im Frontalhirn befindet, ist offensichtlich das Hirnareal, das als Letztes ausreift. Das ist insofern interessant, als der Stirnlappen (auch präfrontaler Cortex genannt) als oberstes Steuerungs- und Kontrollorgan des Gehirns gilt. In diesem Teil der Großhirnrinde werden Signale aus der Außenwelt mit bereits gespeicherten Gedächtnisinhalten abgeglichen. Und hier wird auch nach einer angemessenen Handlungsmöglichkeit gesucht. Etwas verkürzt kann man also behaupten, dass der Stirnlappen die Instanz im Gehirn ist, die Affekte reguliert, Impulse steuert und vorausschauendes Denken und Handeln ermöglicht. Man schreibt dem präfrontalen Cortex auch eine wichtige Analyse- und Überwachungsfunktion zu.

So hat man bei Menschen, deren präfrontaler Cortex beschädigt war, unter anderem festgestellt, dass sie Schwierigkeiten hatten, Probleme zu analysieren, die Konsequenzen ihres Handelns einzuschätzen sowie aus Fehlern zu lernen. Auf der Basis dieser Erkenntnisse gehen Wissenschaftler mittlerweile davon aus, dass Jugendliche aufgrund eines mangelhaft funktionierenden präfrontalen Cortexes oft irrational und affektgesteuert agieren. Der unreife präfrontale Cortex des Teenagers beantwortet also die Frage »*Schlage ich jetzt zu oder gehe ich weg?*« oder »*Mache ich jetzt Hausaufgaben oder was Schönes?*« möglicherweise anders als der reife präfrontale Cortex eines Erwachsenen.

Einige Wissenschaftler vermuten zudem, dass Teenager bei der Verarbeitung von Emotionen auf einen anderen Teil ihres Gehirnes zurückgreifen. In einer Studie, bei der den Fotos von wütenden, lachenden, ärgerlichen und aggressiven Gesichtern die entsprechenden Emotionen zugeordnet werden sollten, stellte sich heraus, dass bei Jugendlichen hier die sogenannte Amygdala arbeitete, die als Teil des limbischen Systems für die Verarbeitung von Gefühlen zuständig ist, während Erwachsene für ihre Einschätzung den frontalen Cortex nutzten. Teenager können offensichtlich Gefühle nicht richtig einschätzen, sondern reagieren sehr impulsiv darauf.[1]

Hirnforscher gehen davon aus, dass es im Gehirn des Teenagers zu einer Art Ungleichgewicht kommt: Während der Stirnlappen noch nicht vollständig ausgereift ist, arbeitet das limbische, also das emotionale System auf Hochtouren: Der Teenager verhält sich daher oft nicht umsichtig, vorausschauend oder einigermaßen »vernünftig«, sondern schlicht »kopflos« und irrational.

Weiterhin hat man festgestellt, dass das sogenannte Belohnungssystem im Gehirn des Jugendlichen anders funktioniert als bei Kindern oder Erwachsenen: Nach Erfolgserlebnissen wird normalerweise der Botenstoff Dopamin ausgeschüttet, was Zufriedenheits- oder Glücksgefühle auslöst. Zuständig für diese Dopaminausschüttung ist der sogenannte Nucleus accumbens, der im Vorderhirn liegt. Forscher gehen davon aus, dass auch der Nucleus accumbens bei Teenagern oft nicht »richtig« funktioniert: Entweder es wird zu wenig Dopamin ausgeschüttet, dann funktioniert das Belohnungssystem nicht richtig und der Teenager erlebt keine Glücksgefühle. Oder es wird dort zu viel ausgeschüttet, dann ist der Teenager vom Dopamin bereits überschwemmt und es fehlt ihm der Anreiz, das körpereigene Belohnungssystem anzukurbeln. Wissenschaftler haben so die These aufgestellt, dass Jugendliche deshalb mehr »thrill« als Erwachsene brauchen, um Glücksgefühle erleben zu können. Das könnte erklären, warum Teenager manchmal zu hochriskantem Verhalten neigen, Drogen und Alkohol konsumieren, liebend gerne Achterbahn fahren und Horrorfilme gucken: Manche brauchen offensichtlich ein Maximum an Stimulation, um das körpereigene Belohnungssystem in Gang zu setzen.

Auch das merkwürdige Schlafverhalten von Jugendlichen ist mittlerweile durch hirnorganische Besonderheiten erklärt worden: So wird das Schlafhormon Melatonin bei Teenagern mit ein bis zwei Stunden Verspätung ausgeschüttet. Deshalb kommen Teenager so spät ins Bett und morgens kaum aus demselben wieder heraus.

Doch machen wir uns nichts vor: Die Hirnforschung steht trotz neuartiger Forschungsmethoden immer noch ganz am Anfang. So sind viele hirnorganische Prozesse in ihrer Bedeutung für die Entstehung von psychischen Erkrankungen noch weitgehend unklar bzw. umstritten. Einig sind sich die Forscher immerhin in der Ansicht, dass die äußeren Lebenseinflüsse die Formung des Gehirns maßgeblich mitentscheiden. Wie genau das geschieht, weiß man allerdings nicht.

Ist nun also der Stirnlappen schuld daran, wenn der Teenager schlechte Laune hat, die Schule vernachlässigt oder sich daneben benimmt? Die Antwort ist: Jein. Wir wissen, dass sich vieles tut im Körper, in der Seele und im Kopf des Jugendlichen. Was aber genau wovon abhängt, wissen wir wie gesagt immer noch nicht.

Und was nutzt dieses Wissen nun im Umgang mit unseren Jugendlichen? Nun, vielleicht stimmt es uns gnädiger, wenn wir wissen, was da alles im Kopf des Kindes physiologisch vor sich geht. Dass da einfach noch nicht alles so reibungslos funktionieren kann, wie wir es gerne hätten. Vielleicht können wir dem Teenager eher nachsehen, dass er mal »zickig« ist oder schon wieder seine Hausaufgaben nicht macht. Schon dafür hätte sich die wissenschaftliche Arbeit gelohnt!

Kognitive Revolution: Der clevere Teenager

Nicht zu unterschätzen ist auch die Entwicklung der kognitiven Fähigkeiten des Jugendlichen. Auch sie hat unmittelbare Auswirkung darauf, wie der Teenager nun seine Welt erlebt und wie er sich verhält. So manche Veränderung im Familienleben ergibt sich einfach aus der Tatsache, dass Ihr Kind nun schlauer geworden ist.

Unter Kognition werden alle Vorgänge bezeichnet, die der Verarbeitung von Information und Erkenntnisprozessen dienen, also etwa die Fähigkeiten zu denken, zu lernen, etwas wahrzunehmen, aufmerksam zu sein, sich zu konzentrieren, sich zu erinnern, etwas zu beurteilen usw.

In der Pubertät lernt das Kind formal-operativ zu denken, das heißt, dass es nun in der Lage ist, beim Denken bewusst und systematisch, also analytisch vorzugehen. Sein Abstraktionsvermögen wächst. Es kann nun aus seinen Gedanken logische Schlussfolgerungen ziehen und komplexere Hypothesen bilden. Während jüngere Kinder vieles als gegeben hinnehmen, was sie von den Erwachsenen hören und lernen, so stellen Teenager nun Fragen wie: *»Könnte es auch anders sein? Was wäre, wenn …?«*

Das ist auch der Grund, warum viele Jugendliche die »Sprüche« ihrer Eltern jetzt häufiger hinterfragen als früher: Sie können Inhalte besser erfassen und analysieren, infolgedessen auch besser differenzieren und auf Logik überprüfen. Klar, dass da die ein oder andere widersprüchliche Aussage von Mama oder Papa genussvoll auseinandergenommen wird.

Die neu erworbene Weitsicht und das hypothetische Denken ermöglichen dem Jugendlichen nun auch, sich mit komplexen gesellschaftlichen und politischen Themen auseinanderzusetzen, z. B. mit Krieg, Hunger, Umweltverschmutzung, Unterdrückung usw. So entsteht langsam ein politisches und soziales Bewusstsein, das ein kleineres Kind aufgrund mangelnder Hirnreife noch nicht haben kann.

Das neu erworbene hypothetische Denken hilft übrigens auch dabei, Lösungsmöglichkeiten für Probleme zu finden. *»Was könnte ich tun, um etwas zu erreichen?«* Der Jugendliche kann so seinen Handlungsspielraum erweitern. Formal-operatives und hypothetisches Denken gelten übrigens als Voraussetzungen für vorausschauendes Denken und verantwortungsbewusstes Handeln.

Der Jugendliche ist nun auch fähig, relativistisch zu denken, das heißt, er kann erkennen, dass es zu einem Sachverhalt unterschiedliche Meinungen und Standpunkte gibt und dass es so etwas wie eine »objektive Wahrheit« nicht geben kann. Auch das befähigt ihn dazu, die Positionen der Eltern in Frage zu stellen und eine Allgemeingültigkeit ihrer Aussagen anzuzweifeln. Während ein junges Kind Vorschriften und Regeln oft noch relativ klaglos akzeptiert, so ist dem Teenager durchaus bewusst, dass man die Dinge auch anders sehen und einschätzen kann, als die Eltern das tun. *Wenn Ihr Kind also nun in der Lage ist, an Ihren Entscheidungen herumzumeckern, sehen Sie das positiv: Es kann Aussagen und Meinungen hinterfragen! Und das ist gut so!* Wie Sie schnell merken werden, beginnt der Teenager nun auch kritisch zu denken. Er kann jetzt zwischen verschiedenen Möglichkeiten abwägen und sich bewusst für oder gegen etwas entscheiden. Das hilft ihm dabei, zu autonomen Verhaltensweisen zu kommen. Das kritische Denkvermögen des Teenagers und seine Spitzfindigkeit mögen zwar im Alltag manchmal lästig sein, sind aber unbedingt notwendig, um sich zu einer selbstbestimmten Persönlichkeit zu entwickeln.

Im Jugendalter verbessert sich weiterhin die gesamte Informationsverarbeitung. Das bedeutet konkret, dass der Teenager nun aufmerksamer ist, da er irrelevante Informationen besser ausblenden kann. Er kann sich z. B. bei einer Aufgabe besser auf das Wesentliche konzentrieren. Auch das Arbeitsgedächtnis des Jugendlichen funktioniert besser als zuvor: Das Teenagergehirn kann nun Informationen zwischenspeichern, was insbesondere für die Lesefertigkeit hilfreich ist. Auch das Langzeitgedächtnis arbeitet nun zuverlässiger als im Kindesalter.

Die beschriebenen neurophysiologischen Veränderungen im Gehirn des Jugendlichen bewirken auch, dass die Informationsverarbeitung schneller wird: So manche Jugendliche sind blitzschnell in der Auffassung und in der Wiedergabe von Informationen. Eltern sind oft verblüfft davon, wie schnell Teenager PC-Spiele verstehen oder wie nachhaltig sie sich Dinge einprägen und merken können.

Jugendliche können auch planmäßiger vorgehen als jüngere Kinder, etwa beim Lernen. Sie können sich geeignete Strategien heraussuchen und diese effektiv nutzen. Die kognitiven Voraussetzungen fürs Lernen sind also bestens! Rein theoretisch zumindest. Denn ob Schule einem Jugendlichen immer den Lernstoff bietet, den er gerade für seine Weiterentwicklung braucht, sei einmal dahingestellt.

Der Jugendliche entwickelt weiterhin metakognitive Fähigkeiten, das heißt, er ist in der Lage, über das Denken selbst nachzudenken. Das ermöglicht ihm, seine Gedanken zu steuern. Gleichzeitig entsteht auch die Fähigkeit zur Selbstreflexion: Der Teenager beginnt, sich intensiv über sich selbst Gedanken zu machen. *»Wer bin ich und wie will ich sein? Was* *macht mich besonders, was unterscheidet mich von anderen? Wie wirke ich auf andere und wie kann ich das beeinflussen?«* Solche Fragen beschäftigen den Jugendlichen nun verstärkt – und mit der Zeit kann er auch Antworten darauf finden. Damit beginnt allerdings auch die Zeit der Selbstbeurteilung und der Selbstkritik. Fragen wie *»Bin ich hässlich? Bin ich zu schüchtern? Bin ich zu dick? Was mache ich falsch?«* können Jugendliche phasenweise verfolgen und quälen.

Diese enorme kognitive Reifung des Jugendlichen ist nicht nur maßgeblich für seine Persönlichkeitsentwicklung, sondern sie sorgt auch dafür, dass er sich später in der Gesellschaft zurechtfinden und behaupten kann.

»Wer bin ich und wenn ja, warum?« – Entwicklungsaufgaben im Jugendalter

Mit »niedlich sein« ist vorläufig Schluss. Das Kind hat jetzt wichtigere Dinge zu erledigen: Es muss auf seinem Weg ins Erwachsenenleben weiterkommen. Und sich deshalb mit folgenden Themen befassen:

*   *Der Jugendliche muss Freundschaften mit und Beziehungen zu Gleichaltrigen aufbauen und vertiefen.*
    Freundschaften mit Gleichaltrigen tragen zur psychischen Stabilisierung und Orientierung des Teenagers bei. Hier kann er sich wohl und geborgen fühlen, ohne allzu sehr gebunden zu sein. Außerdem ermöglicht die sogenannte »Peergroup« dem Einzelnen, unterschiedliche und neue Rollen auszuprobieren. Sie hilft natürlich auch dabei, sich von den Eltern zu lösen. In der Forschung ist man sich einig darüber, dass die Bedeutung von Freunden und Freundinnen für Jugendliche kaum überschätzt werden kann.
*   *Der Jugendliche muss die Eltern »entidealisieren«.*
    Mama und Papa von ihrem »Thron« zu stürzen, gehört jetzt zu den wichtigsten Aufgaben des Jugendlichen. Das ist nicht nur für Eltern schmerzlich: Auch die Kinder müssen Abschied nehmen – von einer Lebensphase, von bestimmten Vorstellungen und kindlichen Idealen. Für manche Teenager bedeutet es eine große Ernüchterung zu erkennen, dass Mama nicht immer helfen oder Papa nicht immer der allwissende starke Held sein kann.
    Das Entidealisieren der Eltern bedeutet nicht, dass Kinder aufhören, ihre Eltern zu lieben. Sie lernen nur langsam, sie mit anderen Augen

zu sehen. Im besten Fall entwickeln sie dann einen realistischen, liebevollen Blick, der später eine Beziehung auf Augenhöhe ermöglicht.

• *Der Jugendliche muss sich aus seiner Kinderrolle herausentwickeln und sich emanzipieren.*

Teenager wollen keine Kinder mehr sein und auch nicht als solche behandelt werden – obwohl sie natürlich anfangs immer noch kindliche Züge haben und dann die Modelleisenbahn oder die Puppen wieder hervorkramen. Mit der Zeit jedoch muss der Teenager aus der Rolle des abhängigen und unmündigen Kindes herauswachsen. Deshalb ist es so wichtig, Jugendliche in ihren Autonomiebestrebungen ernst zu nehmen.

• *Der Jugendliche muss mehr Klarheit über sich selbst gewinnen.*

Fragen wie »*Wer bin ich, was macht mich aus, was macht mich unverwechselbar?*« werden immer wieder aufgegriffen und neu bearbeitet. Diese Frage begleitet uns zwar ein Leben lang, da wir uns immer verändern. In der Pubertät jedoch wird ein wichtiger Grundstein für das eigene Selbstverständnis gelegt. Viele Teenager schreiben Tagebuch und setzen sich so mit ihren Gefühlen, Bedürfnissen, Ängsten und Sorgen auseinander. Der Jugendliche überarbeitet sein Selbstbild nun gründlich. War sein kindliches Selbstverständnis bislang überwiegend von dem Bild der Eltern geprägt, so versucht der Teenager nun, dieses Bild von sich selbst zu erweitern und zu revidieren. Auch hierbei spielt die Peergroup übrigens eine wichtige Rolle, denn Freunde ermöglichen andere Erfahrungen und geben anderes »Feedback« als die Eltern.

• *Der Jugendliche muss lernen, die körperlichen Veränderungen und sein Aussehen zu akzeptieren und dieses in sein neues Selbstbild zu integrieren.*

Dieser Prozess ist insbesondere für Mädchen oft schwierig. Schon sehr früh prasseln hoch gesteckte Schönheitsideale auf sie ein. Ob Werbeplakate für Unterwäsche und Bikinis oder TV-Formate wie »Germany's Next Top Model« – schon ganz junge Mädchen wissen, dass Frauen »schön«, »schlank« und »sexy« zu sein haben. Dieser Druck führt dazu, dass viele junge Mädchen unberechtigterweise Sorge haben, zu dick zu sein oder zu werden. Kontrolliertes Essen und Diäten sind oft die leidige Folge. In Maßen ist dies vielleicht nicht zu vermeiden, Eltern sollten das aber keineswegs schüren oder loben. Es wäre schön, wenn Eltern ihre Töchter dabei ermutigen könnten, sich ein natürliches Essverhalten zu erhalten.

Aber auch Klamotten und Styling werden jetzt extrem wichtig, die Außenwirkung wird ständig abgeglichen mit der Selbstwahrnehmung, ob durch »Selfies« auf Facebook und Instagram oder durch Rückfragen an die beste Freundin: *»Sehe ich gut aus? Steht mir das?«* Aber auch Jungen beschäftigen sich nun intensiver mit ihrem Körper: Auch sie wollen »cool« rüberkommen, kaufen sich Haargel, Deos und sorgen für ein lässiges Outfit. Einige gehen ab jetzt sogar regelmäßig ins Fitnessstudio.

- *Der Jugendliche muss sich mit seiner zukünftigen Rolle als Mann/Frau auseinandersetzen.*

Hier wiederum haben es Jungen manchmal schwerer, weil sich das Männerbild gerade wandelt und weitgehend diffus ist. Der Macho hat (hierzulande!) überwiegend ausgedient, der Softie allerdings auch. Wie also geht »Mannsein« heute? Manchen Jungen fehlen positive Vorbilder, z. B. wenn die Eltern geschieden sind und/oder der Kontakt zum Vater oberflächlich, unverbindlich oder wenig liebevoll blieb. Doch auch für Mädchen stellt sich die Frage: *»Was für eine Frau will ich später mal sein? Was ist mir wichtig? Was hat meine Mutter mir vorgelebt, was finde ich daran erstrebenswert, was nicht?«*

- *Der Heranwachsende baut eine erste intime Beziehung auf, meistens zum anderen Geschlecht, manchmal auch zum eigenen.*

Mehrere Untersuchungen haben gezeigt, dass die überwiegende Mehrheit der Jugendlichen sich nach einem festen Freund bzw. einer festen Freundin sehnt und mit diesem bzw. dieser auch den ersten Sex erleben möchte. Der Wunsch nach Liebe, Treue und Verbindlichkeit in einer Beziehung spielt bei Jugendlichen eine große Rolle.

- *Natürlich ist die Pubertät die Phase, in der die Ablösung von den Eltern beginnt.*

Ablösung ist hier allerdings nicht als Abschied im engeren Sinne zu verstehen, sondern als Veränderung der Beziehung. Die Eltern werden von ihrem Podest geschubst, ihr Handeln und Verhalten werden nun kritisch betrachtet. Der Jugendliche gewinnt so den Abstand, den er braucht, um ein eigenes Welt- und Selbstbild zu entwickeln. Komprimiert ausgedrückt: Die Eltern werden »doof«, damit das Kind sich von ihnen abgrenzen kann. Und das muss es wiederum tun, um selbstständig zu werden.

- *Der Jugendliche steht auch vor der Aufgabe, eine (vorläufige) berufliche Perspektive zu entwickeln.*

Das ist angesichts der vielen möglichen Berufswege und der unklaren

Arbeitsmarktlage heutzutage nicht gerade einfach. Ein erster Berufswunsch sollte den eigenen Fähigkeiten und Wünschen entsprechen. Der Teenager ist also mit der Frage konfrontiert, was er gerne macht, was er gut kann und was er sich auf Dauer als Job vorstellen kann. Dieser Prozess braucht Zeit. Nicht selten entwickeln Jugendliche konkrete Vorstellungen und Ideen erst kurz vor oder sogar erst nach dem Schulabschluss. Manchmal dauert es noch länger und die jungen Erwachsenen nehmen sich eine Auszeit und reisen durch die Welt, gehen jobben, machen ein Praktikum oder absolvieren ein soziales oder ökologisches Jahr. Für »Bummelköpfe« gibt es jedenfalls jede Menge Möglichkeiten, sich sinnvoll zu betätigen. Für Eltern gilt hier, den Druck herauszunehmen und sich ggf. mit Zwischenlösungen zufriedenzugeben.

• *Der Teenager ist nun gefordert, im Zuge seiner Verselbstständigung ein eigenes Wertesystem zu entwickeln.*
Dazu gehört, sich eine Weltanschauung und eine eigene Meinung zu bilden. Meistens werden viele Werte aus dem Elternhaus übernommen, es kommen aber neue und andere Werte hinzu. Eltern müssen das respektieren, auch wenn ihnen die eine oder andere Einstellung nicht gefällt. Außerdem verändern sich Meinungen und Haltungen im Laufe des Lebens, der Teenager entwickelt also ein erstes, vorläufiges und ausbaubares moralisches Gerüst.

• *Der Pubertierende muss eine erste (vorläufige) Zukunftsperspektive entwickeln: Welche Ziele möchte ich erreichen? Was ist mir wichtig?*
Es stellen sich jetzt Fragen wie: Was sind Prioritäten in meinem Leben: Geld, Erfolg, Freiheit, Familie? Wie kann ich das erreichen und miteinander vereinbaren? Auch hier kann man von Jugendlichen keine fertigen Konzepte erwarten. Unser Leben erfordert Flexibilität und Mobilität, so dass eine zu starre Vorstellung vom eigenen Lebensweg eher hinderlich wäre. Es geht höchstens darum, eine Richtung einzuschlagen, etwa zu beschließen, ein Studium beginnen zu wollen oder lieber eine Ausbildung. Dem Jugendlichen bleiben auch später noch so viele Optionen, dass es sich nicht lohnt, bereits jetzt Druck aufzubauen und ihn zu bestimmten Entscheidungen zu drängen.

• *Der Jugendliche muss seinen Handlungsradius erweitern.*
Sowohl mental als auch räumlich orientiert sich das Kind nun nicht mehr so dicht an den Eltern. Es macht nun immer mehr Erfahrungen außerhalb der Familie, etwa in der Peergroup, mit dem ersten Freund / der ersten Freundin etc.

Eltern helfen ihren Kindern dabei am besten, indem sie den wachsenden Einfluss anderer Menschen auf ihr Kind nicht als Bedrohung,
sondern als Bereicherung sehen. Und indem sie sich angemessen zurückhalten.
- *Der Jugendliche muss immer mehr Verantwortung tragen.*
Um selbstständiger werden zu können, muss der Teenager immer
mehr Entscheidungen selber treffen. Deshalb ist es so wichtig, dass
Eltern ihren Teenager in Entscheidungsprozesse einbinden, seine
Meinung respektieren und ihm immer mehr Verantwortung übertragen.

Emotionale Achterbahn: Zwischen »total gut drauf« und »alles voll ätzend«

Der Jugendliche befindet sich in einem Spannungsfeld zwischen stark
unterschiedlichen Bedürfnissen. Einerseits hat er eine ausgeprägte Sehn-
sucht nach Freiheit und Unabhängigkeit, andererseits ein grundlegendes
Bedürfnis nach Bindung und Sicherheit. Das ist normal, aber nicht
immer leicht zu handhaben.

Bereits als Kleinkind suchte Ihr Kind seine »Freiheiten«, es experimentiert schon lange mit Nähe und Distanz. Auch für Erwachsene sind
diese Themen dauerhaft relevant, vor allem in Liebesbeziehungen.

Laut Bindungsforschung stellen Bindung und Autonomie keine Wi-
dersprüche dar, wie so oft behauptet wird. Sie geht davon aus, dass ein
Kind, das sich gut und sicher gebunden fühlt, auch gut in die Welt
gehen, also autonom werden kann.

Autonom zu sein bedeutet übrigens keineswegs, komplett unabhängig
von anderen Menschen zu sein. Da der Mensch ein soziales Wesen ist,
kann es eine solche Unabhängigkeit gar nicht geben. Autonom zu sein
bedeutet im Sinne der Bindungsforschung eher, dass man eigene Absichten, Ziele und Interessen entwickelt und diese auch umzusetzen versucht.
Und zwar auch dann, wenn andere Menschen, etwa die Eltern, diese Interessen und Ziele womöglich nicht befürworten.

Das alles hört sich freilich viel leichter an, als es ist. Denn Kinder
wissen sehr genau, was Eltern sich wünschen und wie sie »ticken«. Wenn
Jugendliche merken, dass sie die Erwartungen der Eltern nicht erfüllen
wollen oder können, kann sie das in tiefe Konflikte stürzen. Die Angst
von Teenagern, die Eltern zu enttäuschen und von ihnen abgelehnt zu

werden, darf man keineswegs unterschätzen. Auch wenn viele Jugendliche »cool« tun und eine »Mir-doch-egal«-Haltung an den Tag legen, so brauchen sie doch die Wertschätzung und die Akzeptanz der Eltern, also Eltern, die in der Lage sind, zu sagen: »Okay, du machst das zwar anders, als ich mir das vorgestellt hatte, aber es ist deine Entscheidung, und das ist in Ordnung so.«

Entsprechend ihrer ambivalenten Befindlichkeit senden Jugendliche oft Doppelbotschaften, die sinngemäß etwa so lautet: »Lasst mich gefälligst in Ruhe und kümmert euch um mich!« So zieht sich der junge Teenager gerne mal für fünf Stunden in sein Zimmer zurück und will keineswegs gestört oder angesprochen werden, hat aber kurze Zeit später schon wieder Lust, Mama »auf den Schoß« zu klettern oder Papa auf den Rücken. Dieses Hin und Her von Sich-Abwenden und Nach-Zuwendung-Suchen kann Eltern schon mal gründlich verwirren.

Allerdings ist dieses Verhalten nicht wirklich verwunderlich, wenn man sich vor Augen hält, wie es dem Kind gerade geht. Es ist nicht mehr klein, aber auch noch nicht richtig groß – ein Zwischenzustand, in dem man sich auch mal richtig verloren fühlen kann.

Eltern tun am besten daran, diese Stimmungswechsel möglichst gelassen zur Kenntnis zu nehmen. Wenn Ihr Kind Zuneigung braucht und das deutlich signalisiert, gehen Sie darauf ein. Nehmen Sie den emotionalen Rückzug (»Lasst mich in Ruhe!«) nicht als persönliche Kränkung. Ihr Kind schafft sich so den nötigen Raum, den es braucht, um zu sich selbst zu finden.

Doch auch die Jugendlichen selbst finden ihre Stimmungsschwankungen oft nervig und anstrengend. Sie fühlen sich ihnen ausgeliefert und haben das Gefühl, nicht mehr »Herr im eigenen Haus« zu sein. Das kann wiederum das Gefühl von Hilflosigkeit auslösen, was dann oft wieder wütend oder traurig macht. So befinden sich Teenager häufig im Strudel ihrer Emotionen. Damit klarzukommen, ist nicht immer ganz leicht und kostet Energie.

Zusätzlich kommt bei manchen Teenagern ein bisher nicht gekannter, alles umfassender Weltschmerz auf, alles scheint sinnlos und öde. Findet der Jugendliche mit seinen Sinnfragen keinen Halt, kann ihn das psychisch schwer beeinträchtigen. In keiner anderen Lebensphase ist der Mensch so anfällig für psychische Beeinträchtigungen wie in der Pubertät. Magersucht, Depressionen oder auch bestimmte schizophrene Erkrankungen nehmen oft jetzt ihren Anfang. Auch die Suizidrate verrät, dass die innere Not von Jugendlichen oft groß ist: Im Jahr 2010 war in

Deutschland nach tödlichen Verkehrsunfällen der Suizid immerhin die zweithäufigste Todesursache von Jugendlichen im Alter zwischen 15 und 19 Jahren. Jungen sind davon übrigens häufiger betroffen als Mädchen.[2] Allerdings muss man davon ausgehen, dass es sehr viele Suizidversuche gibt, die in dieser Statistik nicht aufgeführt sind. Auch andere selbstverletzende Verhaltensweisen kommen im Jugendalter recht häufig vor und sind als Ausdruck heftiger innerer Konflikte zu sehen, etwa das Ritzen.

Jugendliche sind sensibel. Oft verstecken sie diese Empfindsamkeit hinter coolem, lautem und vermeintlich aggressivem Verhalten. Manche Teenager eiern orientierungslos in ihrem Leben herum und wissen gar nicht, was sie wollen. Die einst geliebten Hobbys sind langweilig geworden, das Kinderspielzeug hat ausgedient, und was bleibt, ist erst mal Leere. Besonders der junge Teenager befindet sich in einer Art Niemandsland: Die Kindheit ist vorbei, das Erwachsenenleben noch weit weg. Was tun in diesem Zwischenzustand? Genau: Man versucht, sich neu zu definieren. Und das ist gar nicht so leicht.

Diesen komplexen Übergangszustand bewältigt ein Jugendlicher besser, wenn er sich gut aufgehoben, eingebettet und getragen fühlt – von einer wohlwollenden Familie, zugewandten Erwachsenen und natürlich guten Freunden oder Freundinnen.

Ambivalente Jugendliche berühren übrigens immer auch die Ambivalenzen der Eltern. Das heißt, dass ein Teenager auch bei seinen Eltern sehr widersprüchliche Gefühle auslösen kann. So kommt es vor, dass eine Mutter wütend auf ihr Kind ist, aber gleichermaßen den Wunsch verspürt, es zu beschützen. Diese zum Teil widersprüchlichen Gefühle regulieren zu können, gehört jetzt auch zu den Aufgaben der Eltern.

Schlechte Laune oder was? 7 gute Gründe, sich echt mies zu fühlen

1. *Jugendliche stehen manchmal unter innerer Anspannung, manchmal haben sie auch unter einer diffusen, schwer greifbaren Angst zu leiden:* »*Was passiert mit mir? Was kann ich noch kontrollieren? Wo führt das hin?*« Diese Spannung können sie eine Weile (aus)halten, danach entlädt sie sich in Form von Wutausbrüchen oder Weinkrämpfen.
2. *Manche Jugendliche fühlen sich mit den Anforderungen von Schule und Elternhaus überfordert.* Sie haben genug mit sich selbst zu tun und reagieren gereizt auf zusätzliche Anforderungen und Erwartungen. Das passiert vor allem dann, wenn der Teenager sich in seinem komplexen Umbauprozess nicht wahrgenommen und unterstützt fühlt. (»*Ihr habt ja alle keine Ahnung!*«)

3. *Durch die physischen und psychischen Veränderungen kann sich ein Jugendlicher verunsichert fühlen.* Wenn er dann emotional nicht aufgefangen wird, kann diese Verunsicherung in Aggression umschlagen oder zu einem emotionalen Rückzug führen.

4. *Viele Jugendliche leiden unter einer (vorübergehenden) Selbstunsicherheit.* Das ist insofern verständlich, als sie jetzt erst anfangen, ihr »kindliches Selbst« zu einem »erwachsenen Selbst« weiterzuentwickeln. Diese Selbstunsicherheit führt zu überschießenden emotionalen Reaktionen, die für einen Außenstehenden nicht sofort nachvollziehbar sind. Jugendliche selbst sind oft nicht in der Lage auszudrücken, was in ihnen vorgeht. Erwarten Sie also keine sinnvollen Antworten auf Fragen wie: *»Warum bist du nur so schlecht gelaunt?«* Oft versteht man erst im Nachhinein, was in dieser Lebenssituation gerade belastend, nervend oder ärgerlich war.

5. *Viele Jugendliche leiden unter Selbstzweifeln: »Bin ich schön/attraktiv/ liebenswert?«* Diese Frage stellen sich jetzt nicht nur Mädchen. Die ständige Selbstbeobachtung soll Klarheit bringen, tut es aber oft nicht. Je nachdem, wie der Teenager sich nun gerade selbst beurteilt, fällt dann auch die Stimmung aus. So finden sich manche Mädchen an einem Tag hübsch, am nächsten Tag wieder »fett und hässlich«. Jungen geht es ähnlich, auch sie finden Pickel ätzend und brauchen ihre tägliche Ration Haargel. Ohne morgendliches Styling geht bei beiden Geschlechtern fast gar nichts. Und wenn es dann noch Kritik hagelt wegen schlechter Noten – au weia.

6. *Aufgrund ihrer psychischen Disposition sind Teenager oft besonders empfindlich.* Das äußert sich darin, dass sie jede noch so kleine Kritik als Kränkung verstehen und entsprechend heftig darauf reagieren. Das ändert sich, wenn Erwachsene sich öfter mal mit Bemerkungen zurückhalten, ihre Wortwahl überprüfen, und ab und zu um Entschuldigung bitten, wenn sich der Jugendliche gekränkt fühlt. Wichtig ist dabei übrigens nicht, ob Sie die Absicht hatten, Ihr Kind zu kränken (was Sie ohnehin sicherlich nicht haben), sondern ob Ihr Kind sich *gekränkt fühlt.* Das ist ein gravierender Unterschied!

7. *Jugendliche haben aufgrund ihrer relativen Unreife noch zu wenig Abwehrmechanismen entwickelt, um sich bestimmte Themen »vom Hals zu halten«:* Während Erwachsene beispielsweise gute Verdrängungskünstler sind, die unangenehme oder belastende Gefühle oft auch über einen längeren Zeitraum hinweg unterdrücken können, so ge-

lingt das Jugendlichen nur teilweise. Das erklärt ihre Empfindsam-
und Empfindlichkeit wie auch ihren oft stark ausgeprägten Gerech-
tigkeitssinn.

»Ich bin okay« – Selbstannahme wäre ein schönes Ziel

Auf dem Weg zum Erwachsenwerden ist es besonders wichtig, dass der
Jugendliche lernt, sich selbst zu akzeptieren – mit seinen Stärken und
Schwächen, seinen Fähigkeiten und Ängsten, mit seinen Bedürfnissen
und Macken, seinen Träumen und Ideen, seinem Aussehen und seinem
komplexen und zum Teil widersprüchlichen Innenleben.

Dieser Weg zur Selbstannahme ist holprig und mühsam, denn
manchmal ist der Teenager auch gezwungen, sich mit schwierigen oder
traurigen Themen befassen zu müssen. Wer kann es schon leicht wegste-
cken, ständig schlechtere Noten als der beste Freund zu schreiben oder
von dem jeweils umschwärmten Jungen immer abgewiesen zu werden?
Erkenntnisse wie *»Ich bin nicht so hübsch wie x«*, *»Ich bin unsportlicher als
Y«* oder *»Ich bin viel unbeliebter als X«* können schmerzlich sein, ganz
unabhängig davon, ob diese »Erkenntnisse« stimmen oder nicht. *Es geht
nicht darum, was andere meinen, was falsch oder richtig sei, sondern ausschließlich um die Wahrnehmung des Teenagers selbst. Wenn er sich als un-
attraktiv erlebt, entspricht das seiner (momentanen) Realität.*

Die Aufgabe des Teenagers ist es dann, diese als unschön erlebten
Erfahrungen sukzessive ins Selbstbild zu integrieren, *und zwar auf eine
versöhnliche Art.* Ein psychisch stabiler Jugendlicher, der in der Familie
Halt findet und sich geliebt weiß, wird solche frustrierenden Erkenntnisse besser verarbeiten können als einer, der sich zu Hause allein gelassen fühlt.

Ebenso wichtig ist es, dass der Teenager weiß, was an ihm besonders
liebenswert ist, was andere an ihm mögen und was ihn von anderen unterscheidet. Der Jugendliche braucht also ehrlich gemeinte, positive
Rückmeldungen. *Das ist auch der Grund, warum Eltern unbedingt darauf
achten sollten, ihr Kind positiv zu spiegeln, ihm also mitzuteilen, wenn sie
sich über etwas an ihm freuen.* Wer immer nur hört *»Du bist faul und
immer schlecht gelaunt!«*, wird dazu neigen, diese Festschreibung zu seiner
eigenen Überzeugung zu machen, sie in sein Selbstbild einzubauen. Das
führt aber zu einer negativen Selbstsicht und hindert einen dann daran,
ein gutes Selbstwertgefühl zu entwickeln.

Auch auf der physischen Ebene ist Selbstakzeptanz ein wichtiges Entwicklungsziel: Ist dem Jugendlichen der sich verändernde Körper anfangs noch fremd und unvertraut, so wird sich dieses Gefühl im besten Falle langsam auflösen. Der Teenager wird sich nach einer Weile wieder wohl in seiner Haut fühlen. Sich selbst kennenzulernen und anzunehmen, ist ein lebenslanger Prozess, der schon sehr früh anfängt. Die Pubertät ist auf diesem Weg allerdings ein Meilenstein, der den Weg in die Erwachsenenwelt markiert. Deshalb ist es auch so wichtig, dass Jugendliche positive Erfahrungen machen und Bestätigung erfahren, ob in der Schule, mit Freunden, in der Familie, im Sport oder wo auch immer.

Selbstannahme wäre also ein schönes Ziel. Ebenso, eine freundliche Haltung sich selbst gegenüber zu entwickeln. Wenn Eltern sich ihrem Kind gegenüber freundlich und gütig zeigen, dann wird das Kind sich selbst gegenüber auch freundlich sein können. Aber auch die Vorbildfunktion spielt hierbei eine wichtige Rolle: Je besser Eltern in der Lage sind, sich selbst anzunehmen und freundlich mit sich selbst umzugehen, desto leichter wird das auf Dauer auch dem Kind fallen.

Auf einen Blick: Das Wichtigste in Kürze

- Psyche und Körper des Jugendlichen befinden sich in komplexen Umbauprozessen. Besonders die Seele ist leicht verletzbar. Irritationen und Stimmungsschwankungen sind bei Teenagern nicht selten.

- Teenager sind weit stärker als oft vermutet auf das Wohlwollen und die Präsenz der Eltern angewiesen.

- Eltern können das Verhalten ihrer Kinder besser einordnen, wenn sie über deren komplexe emotionale, psychobiologische und kognitive Entwicklungsschritte Bescheid wissen.

- Eltern sollten sich nicht dazu verleiten lassen, bestimmte Gefühlszustände und Verhaltensweisen der Jugendlichen allein mit dem Zustand der Pubertät zu begründen. Ein Teenager ist nicht traurig oder wütend,»nur« weil er in der Pubertät ist und seine Hormone verrücktspielen. Ein Teenager hat einen Grund, wenn er traurig oder wütend ist. Dieser Grund kann natürlich mit den Themen zu tun haben, mit denen sich Jugendliche typischerweise beschäftigen. Kummer ist aber trotzdem auf jeden Fall ein Grund, dem Jugendlichen emotional beizustehen.

Gemeinsam wachsen
Warum Pubertät die ganze Familie bewegt

»Seit zwei Monaten läuft hier zu Hause gar nichts mehr. Julian kommt schlecht gelaunt nach Hause, schmeißt seinen Rucksack in die Ecke und zieht sich in sein Zimmer zurück. Es herrscht ständig miese Stimmung. Auch in der Schule ist er nicht mehr so gut wie früher. Ich verstehe die Welt nicht mehr. Warum benimmt er sich plötzlich so komisch?« (Mutter des 12-jährigen Julian)

Huch! Was ist denn da los? Ist das Kind plötzlich mutiert? Hat es etwas Schlimmes erlebt? Oder haben die Eltern gar etwas falsch gemacht?

Nein, natürlich nicht. Diese als plötzlich erlebte Veränderung findet eigentlich auch nicht wirklich plötzlich statt, schließlich arbeitet der Körper schon länger im Vorfeld an der Vorbereitung zur Geschlechtsreife, und wer sein Kind genau beobachtet hat, konnte das auch bereits sehen.

Trotzdem kommt das veränderte Verhalten dann manchmal überraschend. War das Kind bislang eher »pflegeleicht«, fällt es naturgemäß umso deutlicher auf, wenn es sich auf einmal »frech« oder widerwillig zeigt. Außerdem tritt die Pubertät erwiesenermaßen immer früher ein, und Eltern rechnen noch gar nicht so richtig damit.

So ähnlich wir Julians Mutter geht es vielen Eltern mit Kindern in der pubertären Frühphase. Familien suchen nicht ohne Grund besonders häufig Hilfe in Beratung, wenn ihr Kind zwischen 10 und 12 Jahre alt ist. Manche dieser jungen Teenager haben (oder machen?) Probleme in der Schule, entweder weil sie nicht die erforderlichen Leistungen erbringen oder weil sie den Schulablauf stören. Oft aber gibt es auch zu Hause Stress. *»Sie benimmt sich nicht!«*, heißt es dann, oder auch: *»Er gehorcht nicht mehr.«* Jungen in diesem Alter werden oft als »aggressiv« oder »verschlossen« beschrieben. Mütter fühlen sich von ihren als widerspenstig erlebten Kindern abgelehnt und sind traurig darüber. Am liebsten wäre es ihnen, wenn das Kind einfach wieder »so lieb« wie früher werden würde, dann wäre alles wieder gut.

Väter fühlen sich oft in ihrer Autorität untergraben und ärgern sich über das »rebellische« Verhalten des Sohnes oder der Tochter. Sie sind dann oft der Meinung, dem Kind müsse nur der Kopf zurechtgerückt werden, und schon wären alle Probleme gelöst. Leider funktioniert das so nicht. Oder eher: glücklicherweise. Die Zeit lässt sich nicht zurückdrehen und die Kinder wollen wachsen. Je mehr die Eltern an der schönen, (vermeintlich?) harmonischen Kinderzeit innerlich festhalten oder diese glorifizieren, desto schwieriger wird es für die Teenager, ihre anstehenden Entwicklungsschritte zu gehen. Durch das Festhalten an alten Vorstellungen davon, wie das Kind zu sein hat, machen sich auch Eltern das Leben schwer. Eltern müssen jetzt umdenken. *Eltern, die das Reifen ihrer Kinder prinzipiell mit Freude und Offenheit begleiten, werden der Pubertät mehr Positives abgewinnen können als Eltern, die sich insgeheim das Kleinkindalter zurücksehnen, weil die Kinder da noch »niedlich« und »pflegeleicht« waren.*

Plötzlich Chaos? Pubertät und Familiendynamik

Ein Teenager braucht Raum und Zeit, um die oben beschriebenen Entwicklungsschritte in seinem eigenen Tempo machen zu können. Manche reifen gemächlich, andere plötzlich oder schubweise. Einige durchleben diesen Reifungsprozess ruhig und unaufgeregt, andere hingegen lassen es ordentlich krachen.

Doch so unterschiedlich Jugendliche auch pubertieren mögen, ihre individuellen Veränderungen ziehen zwangsläufig Veränderungen im gesamten Familiensystem nach sich. Und diese Veränderungen im System wirken sich wiederum auf die Jugendlichen aus. Die Familie ist nun wie ein heftig in Schwingung geratenes Mobilé, das seine (vorläufige) Balance wiederfinden muss. Solche systemischen Umstrukturierungsprozesse sind für alle Beteiligten eine Herausforderung, die nur dann gelingen kann, wenn alle ihren Beitrag dazu leisten. Blockiert ein Familienmitglied beispielsweise diesen Prozess hartnäckig, kann das zu Konflikten und Spannungen führen.

Eine gesunde Familie zeichnet sich insbesondere dadurch aus, dass die einzelnen Mitglieder zwar emotional miteinander verbunden sind, für jedes aber auch ein gewisser Entwicklungsspielraum zur Verfügung steht. Wenn eine Familie hingegen zu starr an alten Mustern festhält und ein Familienmitglied so an einer Entwicklung gehindert wird, wird sie auf die Dauer dysfunktional. Das kann zu Dauerkonflikten und Eskalationen führen. Die Betroffenen werden unglücklich, »verhaltensauffällig« oder sogar krank.

In manchen Familien werden Jugendliche leider auch zu Sündenböcken deklariert, wenn der Haussegen schief hängt. Die Pubertät bzw. das »schlimme« Verhalten des Jugendlichen ist dann angeblich schuld daran, wenn in der Familie nicht mehr alles so harmonisch läuft wie früher. Die These lautet dann: *»Würde sich das Kind nur anders verhalten, dann hätten wir keine Probleme mehr.«* Fast immer ist das allerdings ein Trugschluss. Denn hinter dem präsentierten Problem mit dem Jugendlichen versteckt sich oft ein komplexeres Familienproblem, etwa ein unbearbeiteter Ehekonflikt oder ein anderes, nicht thematisiertes Spannungsfeld in der Familie. *Der wegen seiner vielschichtigen Entwicklungsaufgaben hochsensible und für jedwede Art von Schwingungen empfängliche Jugendliche wird dann lediglich zum »Symptomträger«*, wie es in der systemischen Familientherapie heißt. Soll heißen: Durch sein »auffälliges« Verhalten macht er auf Dysbalancen im Familiensystem aufmerksam – vergleichbar etwa einem verspannten Muskel, der zu schmerzen beginnt, weil der Körper zu lange ungleichmäßig belastet wurde.

Doch solange betroffene Familien nicht verstanden haben, dass sich hinter dem Problem »aufsässiger Teenager« möglicherweise ein ganz anderes Problem verbirgt, rückt der Jugendliche entweder als Sündenbock in den Fokus der Aufmerksamkeit (*»Du bist schuld!«*) oder als schwarzes Schaf ins familiäre Abseits. Beides verschärft Familienkonflikte, statt sie zu lösen. Und beides tut einem Teenager nicht gut. Hierzu ein Beispiel aus der Beratungspraxis:[3]

Herr und Frau F. kamen wegen Problemen mit ihrem 11-jährigen Sohn Paul in die Beratung. Sie beklagten, dass er nicht mehr »gehorche«, oft Widerworte gebe und sich stundenlang in sein Zimmer zurückziehe. Besonders der Vater litt unter dem als »ruppig« erlebten Verhalten des Sohnes und monierte, Paul habe keinen Respekt vor ihm als Autoritätsperson. Er erlebte das als Kränkung, die ihn dazu brachte, sich von seinem Sohn zu distanzieren. Frau F. hingegen machte sich viele Sorgen um Paul und kümmerte sich intensiv um ihn. Sie machte mit ihm unter anderem jeden Tag Hausaufgaben, was Paul allerdings zunehmend nervte.

Während des Beratungsprozesses zeigte sich, dass Frau F. zu Paul ein weit innigeres Verhältnis hatte als zu ihrem Mann. Herr F. fühlte sich schon lange aus dieser »Zweierkiste« ausgeschlossen und reagierte darauf mit Rückzug. Innerlich wuchsen aber gleichzeitig seine Wut und Eifersucht auf seine Frau und seinen Sohn. Diese Wut erhielt neue Nahrung durch Pauls alterstypische Veränderungen. Paul wiederum fühlte sich von seiner Mutter wie ein kleines Kind behandelt und emotional erdrückt. Nichts könne er machen, ohne dass sie es kontrolliere. Er dürfe ja noch nicht mal die Tür zu seinem Zimmer schließen, sie würde sonst meckern. Mit seinem Vater hingegen würde er gerne mehr unternehmen, aber der hätte ja immer so viel Arbeit und oft keine Zeit und schlechte Laune.

Der Sohn wurde gebeten, seine Familie auf einem Familienbrett zu stellen. Ein Familienbrett ist ein Holzbrett, auf dem der Klient mithilfe verschiedener Figuren oder Symbole seine Lebens- bzw. Familiensituation darstellt. Man benutzt es in der Familientherapie, um bestimmte Zusammenhänge oder Prozesse erkennen zu können.

Paul konnte sich verschiedene Holzfiguren aussuchen und positionierte sie auf dem Familienbrett folgendermaßen zueinander:

Abb. 1: Die Famlienbeziehungen von Familie F. (die schwarze runde Figur repräsentiert den Vater, die gestreifte runde Figur die Mutter, die schwarze eckige Figur steht für Paul)

Es wurde ersichtlich, dass der Vater eine Art Außenseiterposition bezog. Außer als Ernährer war er kaum gefragt. Er hatte weder zu seiner Frau noch zu seinem Sohn ein inniges Verhältnis.

Mit der Familie wurde dann an drei verschiedenen »Baustellen« gearbeitet: Erstens ging es darum, die Ehe wieder in den Fokus zu nehmen: Wie kann Herr F. wieder stärker an die Seite seiner Frau rücken? Was hinderte ihn daran, sich dort zu positionieren, wo er gerne sein wollte? Konnte Frau F. zulassen, dass Herr F. sich ihr wieder annäherte?

Eng damit verbunden war die Überlegung, wie Herr F. seinem Sohn ein präsenterer Vater sein könnte. Dazu wurde insbesondere Paul befragt, der eine Menge Ideen hatte, was er gerne mit seinem Vater machen wollte.

Der dritte Aspekt war, dass Frau F. Paul mehr Freiraum lassen musste. Er brauchte insbesondere mehr Intimsphäre, Zeit für sich und das Gefühl, nicht mehr so kontrolliert zu werden »wie ein kleines Kind«.

Die gesamte Familie ließ sich auf den Prozess ein. Nach einer Weile veränderte sich das Familiensystem deutlich. Der Vater fühlte sich innerhalb der Familie wieder wichtiger und blühte regelrecht auf. Er machte plötzlich einen lebendigeren Eindruck. Die eingeführten gemeinsamen Vater-Sohn-Aktionen machten ihm Spaß, seine Wut ebbte ab. Frau F. lernte gleichermaßen, Paul etwas weniger streng zu kontrollieren und entdeckte dabei, dass sie die gewonnene Zeit gut für sich selbst nutzen konnte. Pauls Verhalten änderte sich rasch. Es gab nun weniger Krach, die Stimmung entspannte sich langsam. Das Ehepaar F. war erstmals nach Jahren wieder alleine ins Kino und essen gegangen, was beide recht erfrischend fanden.

Der Sohn stellte nun die Familie erneut auf dem Familienbrett auf. Das Ganze sah nun so aus:

Abb. 2: Die geänderten Familienbeziehungen von Familie F.

Man kann an der Darstellung schnell erkennen,
- dass Paul nun einem gleichwertigen Elternpaar gegenüberstand,
- dass er nun mehr Freiraum hatte und
- dass die Eltern sich nähergekommen waren.

An diesem Beispiel lässt sich gut erkennen, dass Eltern gefordert sind, sich mit den Bedürfnissen des Jugendlichen und damit den anstehenden Veränderungen im Familiensystem auseinanderzusetzen. Die wichtigen Fragen lauten also jetzt:
- Was muss sich verändern, damit es allen gut geht?
- Wie können wir uns gegenseitig in unserer Entwicklung unterstützen?

- Wer ist an einer Veränderung interessiert, wer hat Angst davor?
- Wer blockiert Veränderung und Bewegung?
- Was bin ich selbst bereit zu verändern? Was kann ich dafür tun?

Zoff – ja bitte! Warum Familienharmonie überbewertet wird

Viele Eltern halten Harmonie und Familienfrieden für ein anzustrebendes Ziel. Sie assoziieren damit Ruhe und Zufriedenheit. Und natürlich suchen wir in unserem Leben immer wieder nach Zuständen, in denen wir uns wohlfühlen. Familienharmonie gibt es allerdings nur phasenweise, denn Konflikte, Streit und Probleme finden überall statt, wo Menschen miteinander zu tun haben. Und da die Beziehungen innerhalb der Familie auch die engsten und intimsten sind, kracht es hier naturgemäß am häufigsten.

Konflikte entstehen überall dort, wo unterschiedliche Bedürfnisse und Wünsche aufeinanderprallen und sich gegenseitig behindern. Wenn in einer Familie gestritten wird, so ist das auch ein Zeichen dafür, dass die Familienmitglieder so vertraut miteinander sind, dass sie um ihre Belange kämpfen können. (*Wie* der Streit dann ausgetragen wird, ist wieder ein anderes Thema ...) *Wenn sich Ihr Kind also herzhaft mit Ihnen zu streiten traut, dann ist das wunderbar!* So schräg sich das anhören mag: Wenn sich Ihr Teenager plötzlich querstellt und Ihnen Widerworte gibt, sollten Sie das als etwas grundsätzlich Positives sehen. Bedenklicher ist es, wenn Kinder sich nicht trauen zu streiten oder zu rebellieren, etwa weil Mama oder Papa dauerhaft geschont werden müssen. Oder noch schlimmer, weil Kinder sich vor heftigen Reaktionen oder gar Schlägen fürchten.

Streit und Konflikte sind also gesunde, normale Bestandteile des Familienlebens. In den meisten Familien wird manchmal herzhaft gestritten und herumgeschrien, ohne dass es sich hierbei um ein pathologisches Verhalten handelte oder gar um eine dysfunktionale Familie. Problematisch wird es erst,

- wenn mindestens ein Familienmitglied stark unter bestimmten Konflikten leidet,
- wenn immer derselbe Konflikt auftaucht, ohne dass irgendwann eine Veränderung oder Besserung eintritt,
- wenn es Gewalt gibt oder sich ein Familienmitglied bedroht fühlt.

In diesen Fällen ist es notwendig, sich an eine psychologische Beratungsstelle zu wenden.

Aber auch Eltern, die nur die »üblichen Streitereien« zu Hause haben, fühlen sich manchmal gestresst oder überfordert. Wenn Ihnen das auch so geht, sollten Sie mal Ihr Harmoniebedürfnis prüfen:

- Was assoziieren Sie mit Streit? Haben Sie schlechte Erfahrungen mit Streit gemacht, z. B. in der Kindheit? Haben Sie unter den Streitereien der Eltern gelitten oder beim Zoff mit der Schwester immer den Kürzeren gezogen?

- Können Sie Spannungen eine Weile lang aushalten oder müssen Sie sie sofort auflösen, etwa indem Sie alles zurücknehmen, was Sie gesagt haben, also indem Sie »klein beigeben«? Wenn das so ist: Wo könnte das herkommen?

- Was bedeutet Ihnen Harmonie? Ist es Ruhe, Einklang, Frieden? Oder eher Stillstand und Langeweile?

- Wie harmonisch ging es in Ihrem Elternhaus zu? Wer war an Harmonie besonders interessiert, wer weniger? Wie hat das insgesamt funktioniert?

- Wie wurde früher in Ihrer Herkunftsfamilie mit Aggressionen umgegangen? Wie gehen Sie in Ihrer jetzigen Familie mit Aggressionen um?

Harmonie wird in Familien oft teuer »erkauft«, indem bestimmte Konflikte und heikle Themen unter den Teppich gekehrt werden. Zu diesem Zweck werden Tabus errichtet. Diese Tabus werden oft nicht einmal offen ausgesprochen, von den Familienmitgliedern aber trotzdem erspürt und respektiert.

Werden zu viele Tabus und strenge Reglementierungen aufgebaut, so leidet hierunter oft mindestens ein Mitglied. Oft sind es Jugendliche, die sich weigern, bestimmte Tabus weiterhin stillschweigend zu akzeptieren, und die diese dann brechen. Das wird dann oft als »Provokation« erlebt und sanktioniert.

Eine gesunde Familie lebt jedoch in erster Linie von dem lebendigen Austausch und der Fähigkeit, jedem einzelnen Mitglied genug Raum zur Selbstentfaltung zu bieten. Dazu gehört auch, sich die Meinungen des anderen anzuhören und sie zu respektieren, aber auch, die eigenen Ansichten vertreten zu können.

Für Eltern bedeutet das konkret:

- *Diskutieren Sie mit Ihrem Jugendlichen!*
Auch wenn es manchmal anstrengend ist: Streiten, kontroverses Debattieren oder gemeinsames Philosophieren fördern die kognitiven Fähigkeiten Ihres Kindes. Und die eigenen natürlich auch. Je neugieriger und kritischer die Jugendlichen sind, desto herausfordernder können dann auch die entsprechenden Diskussionen mit ihnen sein. Eltern sollten diese Chancen nutzen, das eigenwillige und selbstbestimmte Denken ihres Kindes zu fördern!
- *Hören Sie Ihrem Kind aufmerksam zu!*
Zeigen Sie sich interessiert an den Gedankengängen Ihres Teenagers, auch wenn diese unkonventionell oder »schräg« zu sein scheinen. Lassen Sie sich von seinen Ideen inspirieren. Jugendliche sind oft sehr fantasievoll, klug und voller Sprachwitz.
- *Akzeptieren Sie den »Jugendslang«, den sich Ihr Teenager nun möglicherweise aneignet.*
Fragen Sie, wenn Sie etwas nicht verstehen. Vermeiden Sie aber, sich den Teenager-Slang selber anzueignen, das wirkt eher peinlich. Zumal Jugendliche diese Sprache benutzen, um sich von den »Alten« abzugrenzen.
- *Begrüßen und unterstützen Sie das kritische Denkvermögen Ihres Jugendlichen!*
Zum Beispiel, indem Sie Widerworte und Gegenargumente nicht nur erlauben, sondern aufgreifen und thematisieren. Dazu gehört Ihrerseits nun die Bereitschaft, eigene Thesen und Behauptungen in Frage stellen zu lassen. Eltern, die immer nur recht haben wollen und auf ihrem Vorrecht als Autoritätsperson beharren, werden es mit hartnäckigen, klugen und diskussionsfreudigen Kindern schwer haben. Und umgekehrt.

Warum Streit hilft. Und wie Sie Ihren Teenager auf die Palme bringen

Miteinander zu streiten erfüllt in Familien und Beziehungen verschiedene Funktionen:
- *Wenn Jugendliche Streit provozieren, so ist das ein bewährtes Mittel, um sich vom Gegenüber abzugrenzen und Distanz herzustellen.* Die Botschaft, die widerborstige oder besserwisserisch wirkende Jugendliche senden, lautet: »Ich bin anders als du! Und das ist gut so!«

- *Ein Streit entsteht oft, wenn der Teenager seine eigenen Interessen gegen die Interessen eines anderen Familienmitgliedes durchzusetzen versucht.* Trifft er mit seinem Wunsch auf Widerstand, so reagiert er entsprechend heftig, der Streit eskaliert. Oft sind solche Wortwechsel dann ein Ausdruck eines Machtkampfes.

- *Streit anzuzetteln ist eine gute Möglichkeit, eine Form von Kontakt und Nähe herzustellen. »Sieh mich!«* ist dann die subtile Botschaft, die der Provokateur an seinen Adressaten schickt.

- *Wenn Jugendliche einen »Streit vom Zaun brechen«, so kann es auch unbewusst darum gehen, den Erwachsenen zu zwingen, sich von seiner »schwachen« Seite zu zeigen.* Jugendliche müssen ihre Eltern entidealisieren, um sich emanzipieren zu können. Hilfreich dabei ist es, Eltern auch mal als nicht stärker zu erleben bzw. sie aus ihrer pädagogisch-überlegenen Haltung zu kippen. *Teenager brauchen Eltern, die menschliche Regungen zeigen, und keine, die immer die Fassung bewahren, eine Rolle spielen oder sich unangreifbar machen.*

- *Jugendliche stellen, wie bereits gesagt, vieles in Frage, was Eltern für selbstverständlich halten.* Das sorgt für Zündstoff, vor allem, wenn Eltern selbst nicht bereit sind, auch mal Fehler oder Fehleinschätzungen einzugestehen. Streit kann also wichtig sein, um Werte in Frage zu stellen und so Veränderungen zu initiieren.

Sie könnten sich hin und wieder auch fragen, welche Funktion der Streit erfüllt:

- Sorgt der Streit dafür, dass sich jemand von dem anderen zurückzieht (z. B. die sich angegriffen fühlende Mutter vom Kind)?
- Sorgt der Streit dafür, dass Mutter und Vater näher aneinander rücken?
- Sorgt der Streit dafür, dass neue Gedankenmuster entstehen? usw.

Besser, als Streit um jeden Preit zu verhindern, ist, sich zu überlegen, wozu der Streit gut ist: Wem nutzt er und was löst er bei wem aus? Spannende Fragen, über die es sich nachzudenken lohnt.

So bringen Sie Ihr Kind auf die Palme! 10 (nicht ernst gemeinte) Tipps, wie ein Streitgespräch garantiert misslingt

1. *Schimpfen Sie Ihr Kind aus. Möglichst oft und möglichst laut.*
   Bringt zwar nichts, macht aber unheimlich Eindruck. Ihr Kind wird es Ihnen danken, indem es Ihnen einfach nicht mehr zuhört.

2. *Drohen Sie Ihrem Kind möglichst häufig Strafen an.*
   Vor allem, wenn Sie überhaupt nicht vorhaben, die angekündigten
   Strafen eintreten zu lassen. Wird zwar eher als Ausdruck von Hilflosigkeit und Machtgebaren erlebt und wirkt unglaubwürdig. Aber machen das nicht alle Eltern so?

3. *Vorwürfe sind ein besonders probates Mittel, um einen Jugendlichen zur
   Weißglut zu treiben bzw. hilflos zu machen.*
   Denn er wird so in die Rechtfertigungs- und Verteidigungsecke ge-
   drängt, was bei ihm innerlich »Alarm« auslöst und ihn wütend macht.
   Ach, das war gar nicht Ihr Ziel? Hm.

4. *Überschütten Sie Ihr Kind mit Ihrem Ärger.*
   *»Das kann doch nicht wahr sein!« – »So was Blödes!« – »Muss ich denn
   100mal dasselbe sagen?!« – »Warum ändert sich denn nie was?!« – »Wie
   sieht das denn hier schon wieder aus!«* usw. Damit machen Sie sich ganz
   schnell unbeliebt und nerven Ihren Teenager. Aber was soll's. Was
   raus muss, muss raus. Oder?

5. *Verallgemeinern Sie stets.*
   »Es ist immer dasselbe mit dir, nie räumst du auf!« Jugendliche hassen
   diesen Satz. Aber man wird ja wohl noch die Wahrheit sagen dürfen,
   oder? Nur nicht erschrecken, wenn Ihr Jugendlicher vor Wut schäu-
   men wird und die Tür vor Ihrer Nase zuknallt.

6. *Festschreibungen sind auch eine feine Sache.*
   Legen Sie Ihr Kind auf ein paar negative Eigenschaften fest und reiten
   Sie immer wieder darauf herum: *»Du bist so faul, du bist so frech, du
   bist dies, du bist das …!«*
   Das Schöne daran ist: Je öfter Sie Ihrem Kind so etwas sagen, desto
   eher glaubt es selbst daran. Stört zwar empfindlich bei der Entwick-
   lung seines Selbstbewusstseins, aber naja. Man kann nicht immer
   Rücksicht nehmen.

7. *Halten Sie Moralpredigten.*
   »Das gehört sich nicht!« ist ein gern genommener Spruch. Auch schön:
   Die Moralkeule schwingen und auf die Meinung der Nachbarn ver-
   weisen (*»Was sollen denn die Müllers denken, wenn du so rumläufst?«*).
   Jugendliche werden sich die Haare raufen und sich möglichst schnell
   mit Musik volldröhnen, um sich diese Sprüche nicht mehr anhören
   zu müssen.

8. *Beleidigen Sie Ihr Kind.*
   Das hilft, es wütend, traurig oder mundtot zu machen. Dann haben
   Sie wenigstens vorübergehend Ihre Ruhe.

9. *Vergleichen Sie Ihr Kind mit einem »lieberen« oder »erfolgreicheren« Kind aus der Nachbarschaft.*
Besser noch: mit dem Vorzeigebruder oder der braven Schwester. *»Wieso schaffst du es nicht, deine Hausaufgaben zu machen, xy kann das doch auch. Und der hat auch noch gute Noten!«* Der Zorn Ihres Kindes ist Ihnen gewiss!

10. *Brüllen Sie Ihr Kind nieder.*
Schließlich soll es mal merken, wer hier das Sagen hat. Na gut, fühlt sich danach für beide nicht so gut an. Aber Ihr Jugendlicher wird jetzt bestimmt erst mal den Mund halten. Oder gleich ganz dichtmachen.

Schöner streiten: 5 Tools für hilfreiche Konfliktgespräche

Haben Sie sich in dieser ironisch gemeinten To-do-Liste irgendwo wiedergefunden? Bestimmt. Wir alle machen gelegentlich diese kommunikativen »Fehler« und erreichen damit genau das Gegenteil dessen, was vermutlich hilfreich wäre. Das ist auch gar nicht schlimm. Immerhin sind wir auch Menschen und insofern recht unvollkommen – was nicht jede Unverschämtheit rechtfertigen soll. Eltern sind jedenfalls gut beraten, nicht zu hohe und unrealistische Ansprüche an sich zu stellen. Wichtig ist, dass sich Eltern solche verbalen Fauxpas selber verzeihen und Ihre Kinder ggf. um Entschuldigung bitten.

Streit ist ja auch nicht gleich Streit. Es gibt diese lästigen alltäglichen Streitereien, bei denen nur »Dampf« abgelassen wird, aber kein Resultat erzielt wird. Solche Kräche entstehen oft in Stressphasen, wenn den Beteiligten die Geduld fehlt. Die Notbremse sollten wir ziehen, wenn diese unschöne Form der Kommunikation unser Familienleben dominiert und wenn es einen Konflikt gibt, der besonders belastend ist. Dann wäre es doch besser, den Konflikt auf eine konstruktive Weise zu lösen. Dann sollten Sie lieber folgende Aspekte beherzigen:

1. *Senden Sie Ich-Botschaften.*
Sprechen Sie nicht über den anderen (*»Du hast/bist ...«),* sondern von sich selbst.

2. *Bleiben Sie möglichst konkret in Ihren Aussagen.*
Überlegen Sie ggf. im Vorfeld, was Sie eigentlich mitteilen möchten. Viele Streitgespräche scheitern, weil die Beteiligten nicht wissen, worum es Ihnen eigentlich *genau* geht.

3. *Beziehen Sie sich auf den aktuellen Konflikt.*
Vernachlässigen Sie alte Konflikte und nehmen Sie auch keinen Bezug darauf.

4. *Nehmen Sie sich eine Auszeit, wenn der Konflikt zu heftig wird oder destruktive Formen annimmt.*
Knüpfen Sie allerdings an das Thema wieder an, wenn Sie sich beruhigt haben und wieder klarer denken können.

5. *Senden Sie klare, positive Botschaften.*
Sagen Sie Ihrem Kind *nicht, was es nicht tun soll,* sondern sagen Sie Ihm, was es *bitte tun sollte.*

So sorry: Warum es manchmal wichtig ist, um Entschuldigung zu bitten

Wenn Eltern merken, dass sie selber unfair oder kindisch reagiert haben, erfüllt sie das oft mit Scham – verständlich, denn wir wollen möglichst erwachsen und souverän auftreten. Mutieren wir dann im Konflikt mit unseren Kindern zu beleidigten Leberwürsten oder werden schlicht ungerecht, so nagt das am Selbstbewusstsein.

Am liebsten würde man dann den Vorfall unter den Teppich kehren, gar nicht mehr daran denken und schon gar nicht mehr darüber reden. Manchmal ist man sogar geneigt, dass Geschehen im Nachhinein zu verharmlosen, es herunterzuspielen oder gar zu rechtfertigen: »*Wenn du dich so daneben benimmst, ist es doch klar, dass ich so ausraste. Da bist du selbst dran schuld!*« Das stimmt aber so nicht. Mag sein, dass sich der Jugendliche aus unserer Perspektive betrachtet unverschämt verhalten hat und wir sehr empört oder verletzt sind. Trotzdem sind wir als Erwachsene für alle unsere Verhaltensweisen und Handlungen selbst verantwortlich.

Wenn Eltern aber das Gefühl haben, zu weit gegangen und ihr Kind gekränkt zu haben, kann es sehr wichtig sein, dafür um Entschuldigung zu bitten. Dabei gibt es einiges zu bedenken:

- Man kann nur um Entschuldigung *bitten,* der andere entscheidet dann aber, ob er diese Entschuldigung annehmen möchte. Oder eben nicht.
- Der Jugendliche ist nicht verpflichtet, Ihnen diese »Last« von den Schultern zu nehmen. Deshalb ist es von großer Bedeutung, dass Sie sich selber verzeihen können.
- Manchmal sitzt der Schmerz beim Teenager noch so tief, dass es eine Weile dauert, bis er verzeihen kann. In der Regel reagieren sie aber wohlwollend und freundlich darauf, wenn sie merken, dass die Bitte um Entschuldigung von Herzen kommt und nicht nur ein Versuch ist, das eigene Gewissen reinzuwaschen.
- Ggf. kann man diesen Prozess unterstützen, indem man eine kleine

Wiedergutmachung anbietet. Diese sollte allerdings nicht einer Bestechung gleichkommen und auch nicht materieller Natur sein.

- Wenn Eltern es schaffen, für ihr unfaires Verhalten um Entschuldigung zu bitten, wird der Jugendliche lernen, dass es gut ist, auch selbst einmal Fehlverhalten vor anderen einzugestehen. Erwarten Sie aber nicht, dass Ihr Teenager nun auch für jedes »Fehlverhalten« um Entschuldigung bittet. Das kommt oft erst später.

- Des Weiteren kann es dem Teenager einfach guttun zu spüren, dass der Erwachsene gemerkt hat, dass er zu weit gegangen ist und ihn in seiner Integrität verletzt hat. Schon das hat oft einen heilsamen Effekt.

- Im besten Fall kann ein klärendes Gespräch dazu führen, dass sich beide Personen besser fühlen und ein geklärtes Verhältnis miteinander haben. So kann man emotionalen Verwicklungen vorbeugen und Konflikte nachhaltig lösen.

Wehmut, Stolz und andere Gefühle – was Jugendliche auslösen

Hand aufs Herz: Wären Sie auch gerne nochmal jung? Ja? – Verständlich! Zuzusehen, wie die eigenen Kinder langsam aus den Kinderschuhen herauswachsen, ist für Eltern oft mit gemischten Gefühlen verbunden. Einerseits ist da dieser Stolz, dieses Gefühl: *»Wow, meine Tochter, mein Sohn wird langsam erwachsen – das ist toll!«* Andererseits ist da oft auch diese Wehmut, die Trauer darüber, dass die unbelastete Kindheit des Kindes nun vorbei ist – die Phase, in der wir unsere lieben Kleinen noch recht gut beschützen und Böses von ihnen fernhalten konnten.

Und natürlich meldet sich auch diese leise Befürchtung, selbst bald zum alten Eisen zu gehören. In die zweite Reihe gestellt zu werden. Zu verwelken. Ein nicht gerade schmeichelhafter Gedanke. Der Sohn wird muskulös und stark, während Papa vielleicht schon Bauchspeck ansetzt. Die Tochter ist blutjung und wunderhübsch, während Mama morgens im Spiegel skeptisch ihre Krähenfüße begutachtet. Wer mit dem Älterwerden insgeheim hadert, wird das Aufblühen des eigenen Kindes mit Melancholie verfolgen. Und wer hadert nicht manchmal mit den Fältchen unter den Augen, den paar Kilos zu viel oder den verpassten Chancen im Leben?

Oft drängen sich auch lange verschüttete Erinnerungen auf, etwa an die eigene Pubertät. Unwillkürlich stellt man sich Fragen wie: Was ist aus meinen Träumen geworden? Wo ist mein jugendlicher Idealismus geblieben? Wie hat mich das Leben seitdem geprägt? Letztlich führen all diese Überlegungen zu der Frage: Wie zufrieden bin ich mit meinem aktuellen Leben? Das kann manchmal unangenehm sein, sogar als bedrohlich erlebt werden. Wer setzt sich schon gerne kritisch mit der eigenen Biografie auseinander? Aber genau dazu fordern Teenager uns auf: Sie halten uns den Spiegel vor. Einfach weil sie jung sind und aufblühen! Sie können nichts dafür, aber sie konfrontieren uns unbewusst ständig mit unserem Altern. Und ist die Angst vor dem Altern nicht auch letztlich eine Form der Angst vor dem Tod?

Aber auch durch kritisches Hinterfragen unserer Lebenshaltung zwingen Jugendliche uns Erwachsene dazu, über uns und unser Leben nachzudenken und uns (neu?) zu positionieren: Sind die Werte, nach denen wir leben, die richtigen? Haben wir »falsche« Prioritäten gesetzt? Was würde ich anders machen, wenn ich nochmals jung wäre?

Oft keimen aber auch Verlustgefühle auf: Was, das war schon alles? Braucht mein Kind mich bald nicht mehr? Was mache ich, wenn es aus dem Haus geht? Wie gehe ich dann mit dieser inneren Leere um?

Viele Mütter und Väter wehren solche Gedanken reflexartig ab. Das hat oft mit Ängsten zu tun. Und ist verständlich. Wer hat schon Lust auf unangenehme oder gar bedrohliche Gefühle? Trotzdem ist es sinnvoll, sich mit den eigenen Gefühlen auseinanderzusetzen:

- Was löst das Heranreifen des Kindes in mir aus?
- Welche Gefühle kommen hoch?
- Welche Gedanken beschäftigen mich?
- Welche Befürchtungen habe ich?

Viele Eltern arbeiten sich lieber an dem Jugendlichen ab, als sich auf sich selbst zu konzentrieren. Dabei kann es sehr hilfreich sein, die eigenen inneren Prozesse ernst zu nehmen und sich mit sich selbst zu beschäftigen. Und auch die Jugendlichen profitieren davon: Je mehr sich Eltern ihrer eigenen Gefühle bewusst sind, desto klarer und hilfreicher können sie nämlich ihren Kindern gegenüber auftreten.

Ein Beispiel hierzu:

Frau B. sitzt in der Beratung und ist ärgerlich. Sie war gekommen, weil sie mit ihrer Tochter Franzi nicht mehr zurechtkam. Franzi ist 13 und benimmt sich ihrer Mutter zufolge »schlimm«. »Sie zieht sich ständig

zurück, ist maulig und meckert rum. Ihre schlechte Laune ist ätzend.«
Ihre Tochter Franzi hängt neben ihr im Sessel und kaut gelangweilt auf
einem Kaugummi herum.»Pah, das sagt die Richtige!«, platzt sie raus.
»Wer ist denn von uns beiden diejenige, die immer nur rumjammert
und schimpft? Du doch! Du müsstest dich mal hören, wenn du mal
wieder rumzeterst!« – Frau B. wendet sich an die Beraterin:»Sehen
Sie? Sie hat gar keinen Respekt. Dabei habe ich alles für sie getan, wissen Sie? Ich bin nämlich alleinerziehend. All meine Kraft habe ich in
dieses Mädchen investiert. Und das ist der Dank dafür, dass ich mir ein
Bein ausgerissen habe!« – Franzi lümmelt demonstrativ desinteressiert
auf ihrem Stuhl herum. Was sie sich denn von ihrer Mutter wünsche,
wird sie von der Beraterin gefragt.»Sie soll mich in Ruhe lassen, ganz
einfach. Nicht immer ›Franzi hier, Franzi da‹. Ständig will sie was von
mir. Das nervt. Ich bin schließlich nicht mehr ihre kleine Prinzessin, die
sie anhimmelt, das ist vorbei. Aber sie will es nicht kapieren.«
     Frau B. bricht in Tränen aus, und Franzi schaut irritiert. Die Beraterin
fragt, was sie denn so traurig mache. Frau B. sagt unter Schluchzen:
»Das stimmt ja. Ich weiß, dass Franzi kein kleines Mädchen mehr ist,
aber ich mache mir ständig Sorgen um sie. Es fällt mir schwer, auszuhalten, dass sie mich gar nicht mehr so braucht. Ich fühle mich auf einmal
so … nutzlos. Jahrelang drehte sich mein ganzes Leben nur um sie, ich
habe alles, wirklich alles für sie getan, und nun will sie von mir nichts
mehr wissen. Das tut so weh!«, schluchzt sie. Franzi schaut geknickt zu
Boden. Nach ihren Gefühlen befragt, sagt sie:»Einerseits tut Mama mir
ja leid, weil sie so unglücklich ist. Auf der der anderen Seite nervt es
mich aber, dass ich deshalb auf mein eigenes Leben verzichten soll. Sie
soll endlich mal ihr eigenes Leben leben, statt sich immer nur an mich
zu klammern!«
     Franzi bringt klar auf den Punkt, was Jugendliche empfinden, wenn
sie spüren, dass ihre Eltern sie nicht loslassen können. Einerseits fühlen
sie sich verpflichtet, Rücksicht auf ihre Eltern zu nehmen. Schließlich
wollen sie sie nicht verletzen, wollen sich loyal verhalten. Andererseits
haben sie aber auch ein unbändiges Verlangen danach, ihren eigenen
Weg zu finden, ohne sich von den Eltern eingeengt und kontrolliert
oder gar»ferngesteuert« zu fühlen. Franzi geriet in einen heftigen inneren Konflikt, der zu ihrem abweisenden Verhalten führte.
     Um Franzi aus diesem Loyalitätskonflikt zu befreien, muss Frau B.
sich mit ihren eigenen Gefühlen und Erfahrungen auseinandersetzen.
So war die zentrale Frage in der Beratung: Wie kommt es, dass es

Frau B. so besonders schwerfällt, ihre Tochter autonom werden zu lassen?

Im Verlauf der Beratung konnte Frau B. erkennen, dass ihr Problem, ihre Tochter loszulassen, mit tiefgreifenden Verlusterfahrungen in ihrer Kindheit zu tun hatte. Sie konnte diese nun in der Beratung bearbeiten und betrauern. Sie konnte auch erkennen, dass Franzi als Tochter nicht dafür zuständig war, ihre Bedürfnisse nach Kontakt und Nähe zu stillen. Nach und nach konnte sie Franzi besser loslassen.

Franzi war durch diesen Prozess gleich doppelt entlastet: Erstens wusste sie nun, dass die Mutter nun für sich selbst sorgte und Hilfe bekam. Sie fühlte sich nicht mehr verpflichtet, sich um das Glück der Mutter zu kümmern. Und zweitens konnte Franzi nun ohne schlechtes Gewissen »egoistisch« ihren Weg gehen. Beiden ging es langsam besser, und das Verhältnis zwischen ihnen entspannte sich zunehmend.

So wie Jugendliche in dieser Phase lernen müssen, Eigenverantwortung zu übernehmen, so müssen Eltern lernen, mit ihren Ängsten, Sorgen und Verlustgefühlen klarzukommen.

Deshalb ist es manchmal wichtig, sich mit folgenden Fragen zu beschäftigen:

• Was löst der Gedanke in mir aus, dass mein Kind bald seine eigenen Wege gehen wird?

• Welche Gefühle löst die Vorstellung in mir aus, dass meine Tochter / mein Sohn immer attraktiver wird? Löst das Freude aus? Und berührt es auch eine (verborgene) Trauer um die eigene Jugend?

• Wie gehe ich mit meinen eigenen Veränderungen um? Bin ich gut zu mir?

Keine Frage: Eltern lieben ihre Kinder und gönnen ihnen alles Gute und noch viel mehr. Es gibt allerdings auch Eltern, die es (insgeheim) schlecht ertragen können, dass ihre Kinder talentierter und erfolgreicher sind als sie. Das hat weniger mit Missgunst zu tun, sondern vielmehr mit dem Schmerz, der mit der Erkenntnis verbunden ist, selbst nicht dieselben Chancen gehabt oder diese nicht genutzt zu haben.

Den begabten Jugendlichen stürzt das aber in tiefe Konflikte, da er nun versuchen muss, doch nicht ganz so erfolgreich zu sein wie er sein könnte. Schließlich spürt er, dass Vater oder Mutter unter seinem Erfolg leiden. Er fängt dann an, sich selbst zu boykottieren, so dass ihm viele Dinge misslingen, die man ihm eigentlich zugetraut hätte. Solche Prozesse laufen unbewusst ab und sind schwer zu durchschauen. *Eltern sind daher gefordert, sich mit Gefühlen von Neid und Trauer auseinanderzusetzen und diesbezüglich auch ehrlich zu sich zu sein.* Auch wenn das höchst unangenehm sein kann: Wer will schon vor sich selbst (geschweige denn vor anderen) zugeben, dass er seinem Kind das Glück und die Begabung neidet? Solche Gefühle sind mit großer Scham verbunden, weshalb sie auch selten geäußert werden. Trotzdem gilt: Das Kind kann nur seinen eigenen Weg finden, wenn Eltern sich ihren eigenen Problemen stellen und diese selbst bearbeiten. Oft stellt sich in Beratungen und Therapien heraus, dass Eltern mit ihrer eigenen Geschichte hadern und es ihnen deshalb schwerfällt, ihren Kindern all das zu gönnen, was sie selbst nicht hatten. Wer sich das vor sich selbst eingestehen kann, hat damit sein Kind schon entlastet.

Andererseits gibt es auch Eltern, die ihre Kinder überfördern und verplanen. Ein mögliches »Scheitern« ist in diesem Leben dann nicht vorgesehen. Sollte das Kind keinen sicht- oder messbaren Erfolg im Leben haben, fühlen sich diese Eltern dann sofort schuldig. Ein erfolgreiches Kind gilt vielen Müttern und Vätern noch als der beste Beweis für eine gute Erziehung. Und es stärkt natürlich das eigene Selbstwertgefühl.

Kinder, die sozusagen von ihren Eltern zu »Projekten« erklärt werden, haben es nicht leicht. Zwar geben diese Eltern zunächst viel Orientierung, so dass die Kinder sich oft nicht wehren, sondern sich brav an die verordneten Maßnahmen halten. Allerdings kommt es dann oft in der Pubertät zu einem grandiosen Knall: Der Jugendliche ist dann möglicherweise nicht mehr gewillt, der Erfüllungsgehilfe seiner Eltern zu sein, und widersetzt sich den vorgegebenen Erwartungen. Manche Teenager trauen sich das aber noch nicht mal, da sie Sorge haben, sonst die Zuneigung der Eltern zu verlieren.

Es ist also kein Wunder, dass es für Eltern nicht immer leicht ist, Jugendliche bedingungslos zu lieben: Sie verhalten sich merkwürdig, hinterfragen uns kritisch und weisen uns jeden Tag mehr oder weniger subtil darauf hin, dass wir »out« und »alt« sind. Um das locker wegzustecken, braucht es ein gutes Selbstwertgefühl und Souveränität. Und jede Menge Humor.

Besonders schwierig gestaltet sich die Pubertät für Eltern, die mit ihrem eigenen Leben nicht zufrieden sind. Wenn die Ehe problematisch oder unbefriedigend ist, kann es traurig machen, das eigene Kind glücklich verliebt zu sehen. Wer mit seinem Job todunglücklich ist, wünscht sich vielleicht, auch wieder neu anfangen zu können – was aber natürlich nicht mehr ganz so einfach ist. Jugendliche stehen in den Startlöchern. Und wir sind mit der Frage konfrontiert: Wie geht es mir in meinem jetzigen Leben? Was will ich noch erreichen? Was vermisse ich? *Jugendlichen beim Wachsen und Aufblühen zu helfen, ist kein leichter Job, wenn man mit seinem eigenen Leben hadert und unzufrieden ist. Deshalb ist es besonders wichtig, sich in dieser Zeit um sich selbst zu kümmern und für sein eigenes Glück zu sorgen.* Dazu kann gehören, sich wieder neu auf die Partnerschaft zu besinnen, liegen gebliebene Konflikte anzugehen, sich beruflich neu zu orientieren oder einfach ein Hobby zu pflegen. Alles, was unserer Seele jetzt guttut, hilft uns, Jugendliche gut zu begleiten.

Andererseits erfüllen uns Jugendliche natürlich auch mit Stolz und Freude. Manchmal sind diese positiven Empfindungen auch unter dem Groll verschüttet, den wir haben, weil sie sich manchmal so kratzbürstig verhalten. Dann gilt es, diese positiven Gefühle immer wieder bewusst hervorzukramen:

- Was mag ich an meinem Kind besonders?
- Was berührt mich?
- Was verbindet mich mit meinem Kind?
- An welchem Punkt ist es mir ganz ähnlich?
- Welche Eigenschaften liebe ich an ihm/ihr? (Wenn Ihnen jetzt nur »negative« Eigenschaften einfallen, überlegen Sie, was an diesen positiv sein könnte. Z. B. »eigensinnig« > »weiß, was er/sie will«; »streitlustig« > »kämpft für seine Ansichten und Ziele«; »faul« > »nimmt sich Zeit für sich« etc.)

»Homies« und »Best Friends«: Warum Gleichaltrige jetzt so wichtig sind

In der Pubertät werden für Jugendliche die Gleichaltrigen wichtig. Sehr wichtig. Fast wichtiger als die Eltern sogar. »Homies« und »Best Friends« sind in dieser Zeit das Ein und Alles. Mütter und Väter fühlen sich dann manchmal herabgewürdigt oder ausgeschlossen. Es schmerzt, plötzlich nicht mehr Ansprechpartner Nr. 1 zu sein, für das Kind nicht mehr am wichtigsten zu sein. Kein Wunder: Eltern werden von Teenagern vom Thron gestoßen, regelrecht entidealisiert. Auch wenn das für Mütter und Väter manchmal unangenehm ist oder mit Verlustgefühlen einhergeht: Auch dieses Verhalten von Jugendlichen ist notwendig, um sich zunehmend zu verselbstständigen.

Bedenken Sie also folgende Punkte:

- *Jugendliche erweitern in der Peergroup ihren Horizont.* Sie bekommen dort andere Rückmeldungen als von ihren Eltern und können so ihr Selbstbild erweitern und ggf. revidieren. (Beispiel: Ein Junge, der zu Hause eher als faul angesehen wird, kann in der Peergroup eine wichtige Rolle einnehmen und sich daher als »engagiert« und »kreativ« erleben; ein Mädchen, von denen die Eltern erwarten, dass sie brav und fleißig sein möge, kann in der Peergroup auch mal laut und aggressiv sein, ohne dafür verstoßen zu werden.) Nach und nach erweitert der Teenager so sein Verhaltensrepertoire, er entwickelt sich weiter und entdeckt neue Persönlichkeitsanteile.
- *Akzeptanz und Respekt von Gleichaltrigen zu erfahren, stärkt das Selbstwertgefühl von Jugendlichen.* Frei nach dem Motto: *»Hey, ich bin ja viel mehr als nur Mamas und Papas Sohn/Tochter! Ich bin ja ich!«*
- *In der Peergroup kann der Jugendliche »üben«, sich in der Gesellschaft zu bewähren.* Hier muss er sich einbringen, aber auch auf sich selber aufpassen. Er muss eine Balance zwischen den eigenen Bedürfnissen und den Anforderungen der anderen finden. Er muss mit Konkurrenzsituationen klarkommen, Kompromisse eingehen, manchmal auch nachgeben und Frustration ertragen. Im Gegenzug kann er aber auch Solidarität und Fairness erleben.
- *Durch den engen oder regelmäßigen Kontakt mit anderen Jugendlichen kann er neue Sichtweisen kennenlernen:* Wie erleben andere Teenager ihre Eltern? Was mögen sie, wie gehen sie mit Problemen um? Insgesamt ist es eine unglaubliche Bereicherung!
- *Die Peergroup bietet dem Jugendlichen (im besten Fall) eine Art Schonraum,* in dem er sich ausprobieren kann. In solchen Gruppen trauen sich Jugendliche auch mehr, als wenn sie alleine sind. Das hat Vorteile, birgt natürlich auch gewisse Risiken.

Insgesamt ist also die Hinwendung zu Gleichaltrigen als entwicklungspsychologisch notwendiger Ausdruck der Suche nach neuen Wertvorstellungen, einer neuen seelischen Heimat zu verstehen. Freunde bieten dem Teenager ein ideales entwicklungsförderndes Lernfeld.

Behalten Sie also folgende Infos im Hinterkopf:

- Jugendliche *wenden sich* eher ihren Freunden (»Homies«) und ihrer Clique *zu,* als sich von Ihnen *ab.* Versuchen Sie, die »Peergroup« Ihres Kindes nicht als Konkurrenz, sondern als Bereicherung zu sehen.

- Gewähren Sie Ihrem Jugendlichen möglichst viel Freiraum, um sich mit seinen Freunden zu treffen.
- Kontrollieren Sie nicht zu stark, mit wem sich Ihr Kind trifft. Es ist zwar wichtig, Namen zu kennen und ggf. auch die Telefonnummer der Eltern zu haben. Wenn Sie sich Sorgen machen, sprechen Sie Ihr Kind offen darauf an. Behalten Sie Ihr Kind im Blick, aber haben Sie auch Vertrauen.
- Werten Sie die Freunde Ihres Kindes nicht ab, auch wenn Sie manchmal fürchten, dass diese Freunde nicht der allerbeste Umgang für Ihr Kind sind. Oft suchen sich Kinder vorübergehend Freunde aus, die »unter ihrem Niveau« sind, um auch diese Perspektive einmal kennenzulernen. Wenn Sie wissen wollen, was Ihr Kind an diesen Freunden reizt, fragen Sie es einfach.

Übrigens: Wenn Ihr Kind wenige Freunde hat und sich nicht gerne in größeren Gruppen aufhält, ist das auch nicht gleich »auffällig«. Teenager haben unterschiedliche Bedürfnisse: Manche fühlen sich in Gruppen wohl, manche weniger. Das eine ist nicht besser als das andere. Sorgen müssen Sie sich erst machen, wenn Ihr Kind sich mit überhaupt niemandem treffen mag, es ihm dabei sehr schlecht geht und dieser Zustand über einen längeren Zeitraum hinweg anhält.

Partnerschaft: Immer schön lebendig bleiben

Nicht nur der Jugendliche selbst erlebt in der Pubertät eine Art Krise. Auch das Elternpaar wird auf eine harte Probe gestellt. Zu den alltäglichen (potenziellen) Stressfaktoren Beruf und Haushalt gesellen sich nun Konflikte, die die Geduld der Eltern stark strapazieren. Kein Wunder, dass nicht selten auch das Eheglück darunter leidet. Oft geraten Mütter und Väter miteinander in Clinch, weil sie unterschiedliche Ansichten darüber haben, wie mit dem widerspenstigen Teenager nun verfahren werden soll. Sollten wir verständnisvoll sein oder durchgreifen? Was erlauben und was verbieten wir? Was kann man noch mit Humor und gutem Willen dulden und ab wann ist Schicht im Schacht?

Bei dieser komplexen Gemengelage ist es schon verständlich, dass sich die Partner mal aus den Augen verlieren oder sich sogar miteinander verkrachen.

Eltern sollten sich in dieser Zeit der Irrungen und Wirrungen jedoch unbedingt auch um sich als Paar kümmern. Das mag zwar manchmal schwerfallen, ist aber unabdingbar, um diese Phase auch als Paar gut zu überstehen. Eine hilfreiche Möglichkeit, einander näherzukommen und trotz aller Turbulenzen gut miteinander in Beziehung zu bleiben, ist, regelmäßige »Zwiegespräche« zu führen.

Der Paartherapeut Michael Lukas Moeller hat diese Form des Paargespräches vor einigen Jahrzehnten entwickelt und zahlreichen Klientinnen und Klienten in Seminaren und Kursen nahegebracht. Die Ergebnisse waren frappierend: Selbst Paare, die schon lange bewusst den intensiven Austausch miteinander pflegten, lernten sich nochmal auf ganz andere Weise kennen. Nicht alle Erfahrungen, die sie dabei miteinander machten, waren spaßig oder ausschließlich schön, aber sie fanden doch ein tieferes Verständnis füreinander, was ihre Beziehung grundlegend stärkte.

Moeller bezeichnet Zwiegespräche auch als »Fenster zum gemeinsamen Unbewussten«[4]. Und als Aphrodisiakum: Denn das lebendige Paar, das aus den Zwiegesprächen erwachse – so Moeller sinngemäß –, sei eine einzige erogene Zone. Na dann: Viel Spaß beim Ausprobieren!

Der intime Dialog: Zwiegespräche führen

In den Zwiegesprächen geht es darum, sich auf einer tieferen Ebene gegenseitig etwas von sich mitzuteilen und zu zeigen. Das braucht gegenseitiges Vertrauen und eine Schutzzone, in der man sich geborgen fühlt. Das Zwiegespräch läuft nach festgelegten Regeln und einem bestimmten Schema ab, die strikt eingehalten werden müssen. Auch wenn Ihnen das anfangs merkwürdig, künstlich oder konstruiert zu sein scheint: Lassen Sie sich einfach mal auf dieses Experiment ein und schauen Sie, was passiert.

- Verabreden Sie sich einmal in der Woche für anderthalb Stunden in einem Zimmer, in dem Sie sich wohlfühlen und in dem Sie absolut ungestört sind.
- Telefon und Handys müssen abgestellt sein und auch kein Kind oder sonstiger Verwandter darf in diese Sitzung »hineinplatzen«.
- Jeder Partner hat 15 Minuten Zeit, über sich zu sprechen. Der andere hört ausschließlich zu.
- Dann wird getauscht und der andere darf 15 Minuten von sich sprechen.
- Der, der gerade mit Sprechen »dran ist«, darf ausschließlich von sich selbst reden, also nur »Ich-Botschaften« senden. Die Aufgabe besteht darin, die eigene Befindlichkeit mitzuteilen:

- Wo stehe ich gerade?
- Was beschäftigt mich?
- Wie geht es mir?
- Was bedrückt mich?
- Was erlebe ich gerade?
- Was fordert mich zurzeit heraus?

Und dergleichen mehr. Nicht gestattet sind:
- Du-Botschaften (*»Du bist ...«; »Du hast ...« etc.*),
- versteckte Du-Botschaften (*»Ich bin der Meinung, dass du ...«, »Ich finde dich ...«*),
- Vorwürfe an den Partner (*»Schon wieder hast du ...«*),
- Ratschläge an den Partner (*»Ich würde das an deiner Stelle ganz anders machen ...«*),
- Erklärungen oder Interpretationen dessen, was der andere gesagt hat (*»Du meinst doch ...«*).

- Der Partner, der gerade nicht spricht, hört aufmerksam und einfühlsam zu. Er darf nichts fragen, nichts kommentieren und sollte sich auch jeden nonverbalen Kommentar sparen. Er sollte während des Zuhörens darauf achten, dass er (auch innerlich) jede Bewertung dessen, was der Partner sagt, vermeidet und weder Kritik daran äußert noch irgendetwas daran verbessert oder relativiert oder auf andere Weise »abwertet«. Es geht also darum, das Gehörte hundertprozentig so stehen zu lassen, wie es gesagt wurde, und es so zu akzeptieren – auch wenn wir andere Ansichten haben oder uns das Gesagte auf andere Art irgendwie berührt haben mag.

- Wenn das Zwiegespräch beendet ist, fangen Sie bloß nicht an, über die angesprochenen Themen zu diskutieren oder sie zu zerreden. Wenn Sie mögen, können Sie anschließend zusammen kochen oder etwas unternehmen; wenn Ihnen eher danach ist, sich zurückzuziehen, ist das natürlich auch in Ordnung. Nur hüten Sie sich davor, Ihrem Partner nach einer Weile das, was er gesagt hat, um die Ohren zu hauen oder sich darüber abwertend zu äußern. Nutzen Sie vielleicht eher die nächste Sitzung, um über die Gefühle, die Ihr Partner bei Ihnen ausgelöst hat, zu reden. Dafür gelten dann wieder die oben genannten Regeln. Vermeiden Sie Schuldzuschreibungen und Vorwürfe. Bleiben Sie bei sich. Das genau ist die hohe Kunst des Zwiegespräches: Emotional ganz bei sich zu bleiben und gleichzeitig ganz nah am Erleben des anderen zu sein! Probieren Sie es aus! Es lohnt sich.

Wenn die Paarkonflikte immer wiederkehren oder gar eskalieren bzw. wenn ein liebevolles Gespräch miteinander kaum noch möglich ist, kann eine Paarberatung sehr hilfreich sein. Warten Sie damit nicht zu lange, denn je stärker sich destruktive Beziehungsmuster verfestigen und je tiefer die gegenseitigen Kränkungen sind, desto komplizierter wird es, das Gefühlsknäuel wieder zu entwirren.

»Nerv nicht!« Geschwisterliebe, Geschwisterstress

Auch Geschwisterkinder bekommen deutliche Veränderungen zu spüren, wenn der Bruder oder die Schwester in die Pubertät kommt. Haben die beiden vor ein paar Wochen noch fröhlich miteinander gespielt und gestritten, so zeigt sich der Teenager nun vielleicht deutlich verändert: Da wird der Kleine plötzlich gepiesakt und auf den Arm genommen, man erklärt ihn oder sie für »klein und dumm«. Selbst wenn nur ein oder zwei Jahre Altersunterschied bestehen – der Ältere besteht nun auf seinem Entwicklungsvorsprung und lässt den Unterschied dem »kleinen Fuzzi« gegenüber in jeder Sekunde deutlich »raushängen«. Der Jugendliche hat nun möglicherweise keine Lust mehr, sich um das lästige Geschwisterkind zu kümmern und schon gar nicht, den »Babysitter« zu spielen. Überhaupt: Sind kleine Brüder und Schwester jetzt nicht meganervig? Je kleiner, desto doofer. Und wie peinlich es erst wird, wenn Mama jetzt nochmal schwanger ist!

Sich von den jüngeren Geschwistern deutlich zu distanzieren, ist ein Schritt, um sich aus seiner eigenen Kinderrolle zu lösen. *»Ich bin jetzt groß und du bist klein!«,* könnte die Botschaft lauten, die hinter dieser Haltung steckt. Insofern ist das Verhalten zwar nicht immer nett, aber entwicklungspsychologisch zumindest nachvollziehbar, weil notwendig.

Das mehr oder weniger ablehnende oder zumindest ambivalente Verhalten des Jugendlichen kann den Kleineren allerdings in mittelschwere Krisen stürzen. Je nach Temperament und Bedürfnislage wird das jüngere Kind nun vielleicht immer wieder Versuche unternehmen, bei dem Großen anzudocken. Das kann durch Quengeln und »Nerven« sein, etwa indem es ständig ins Zimmer stürmt, bevorzugt natürlich dann, wenn der Teenager seine Ruhe haben will oder Besuch hat. Manchmal sind kleine Geschwister so penetrant, dass dem Jugendlichen nichts übrig bleibt, als sie unsanft aus dem Zimmer hinauszukatapultieren.

Andere jüngere Geschwister agieren etwas subtiler: Sie nerven nicht, sondern arbeiten mit dem »schlechten Gewissen«. Sie appellieren (unbewusst) an das Mitgefühl und Schuldbewusstsein des Teenagers und erhoffen sich so Zuwendung und Aufmerksamkeit.

Viele jüngere Geschwister beschweren sich auch bei ihren Eltern über das Verhalten des Jugendlichen und »petzen« dessen Gemeinheiten ihnen gegenüber. Mutter und Vater kommen dann in die missliche Lage, entscheiden zu müssen, wie sie damit umgehen sollen. Sollen sie den Teenager dazu zwingen, sich um den Bruder / die Schwester zu kümmern? Ihn in Ruhe lassen? Oder für einen Kompromiss, für »Frieden« sorgen?

Eltern können es manchmal schlecht ertragen, wenn die Geschwister sich plötzlich so auseinanderzuleben scheinen, sich ständig streiten und sich gegenseitig Stress machen. Da sie selbst häufig bei dem Jugendlichen anecken, können sie sich schnell mit dem jüngeren Kind identifizieren: Beide fühlen sich von dem pickeligen Zeitgenossen auf eine gewisse Art und Weise abgewiesen. Dann kommt es manchmal zu Koalitionen innerhalb der Familie: Die Mutter zeigt sich beispielsweise solidarisch mit dem Kleinen und versucht, dessen Interessen umzusetzen (»*Warum darf denn x nicht in dein Zimmer?*« – »*Sei doch bitte freundlicher zu deinem kleinen Bruder!*«).

Ein Jugendlicher kann sich dann von diesem Kompaktpaket an (ausgesprochenen oder unausgesprochenen) Forderungen und Vorwürfen belastet und provoziert fühlen. Es entsteht dann das diffuse Gefühl, an der eigenen Entwicklung gehindert zu werden, auch wenn das natürlich nicht so gemeint ist.

Eltern haben hier die Aufgabe, sich nicht auf eine Seite zu schlagen, sondern möglichst alle Bedürfnisse im Blick zu behalten und zu respektieren. Keine leichte Sache! Aber immerhin einen Versuch wert. Und sie sollten bedenken, dass nicht alle Bedürfnisse immer befriedigt werden können. Das geht nicht. Wichtig ist nur, dass es nicht zu einer einseitigen Bevorzugung kommt.

Auch der Jugendliche selbst steckt übrigens oft in einem tiefen Konflikt, wenn es um den Umgang mit den Geschwistern geht. Einerseits will er die Kindheit hinter sich lassen. Dazu gehört nun mal zunächst, sich von dem »Kinderkram« zu distanzieren, es blöd und albern zu finden. Auch die jüngere Schwester oder der jüngere Bruder symbolisiert diese Phase. Und der Teenager will sich emanzipieren und sich aus alten Beziehungsrollen lösen und neue einnehmen. Das gilt eben auch für die Geschwisterkonstellation. Gleichzeitig hört der Jugendliche aber nicht plötzlich auf, den kleinen Bruder oder die kleine Schwester zu mögen. Oft haben Geschwister ein inniges und vertrautes Verhältnis (was nicht heißt, dass es spannungsfrei ist!). Dieses Hin- und Hergerissensein ist konfliktbehaftet und anstrengend – nicht nur für das Umfeld, sondern auch für den Teenager selbst.

Ein Beispiel hierzu:

Familie K. kommt in eine Familienberatung. Der präsentierte »Problembär« ist Marie. Marie ist 14 und macht einen aufgeweckten, aber mürrischen Eindruck. Die Eltern beklagen, Marie sei seit ein paar Wochen ausgesprochen schlecht zu ertragen, sie habe starke Stimmungsschwankungen. Mutter und Vater wünschten sich, dass es im Alltag wieder etwas ruhiger werde und die Geschwister sich wieder besser vertrügen. Die jüngere Tochter Theresa sei 10 und leide sehr unter Maries Veränderung. Früher hätten sie doch alles miteinander gemacht, nun fühle sie sich von der älteren Schwester oft abgewiesen.

In einem Einzelsetting erzählte Marie von ihren inneren Konflikten: Sie möge ihre Schwester ja immer noch, aber sie nerve auch. Sie habe eben nun mal andere Interessen und keine Lust mehr, sich immer um Theresa zu kümmern. Manchmal tue sie es dann, weil sie wüsste, dass ihre Eltern es erwarteten und einforderten. Aber Spaß mache ihr das meistens nicht. Außerdem bekomme sie immer ein schlechtes Gewissen, wenn es Theresa nicht gut ging. Sie fühlte sich schuldig daran und versuchte dann, sie zu trösten oder aufzumuntern. Alles in allem fühlte sie sich schwer davon belastet, einerseits Abstand von ihrer Schwester zu wollen und gleichzeitig ein schlechtes Gewissen zu haben.

Im Familiensetting wurde diese Thematik dann besprochen. Die Eltern waren erstaunt über diesen inneren Konflikt von Marie, der ihnen vorher nicht klar gewesen sei. Sie verstanden, dass Marie sich nun aus Reifungsgründen und nicht aus Mangel an Zuneigung von ihrer Schwester zurückzog, was sie beruhigte. Marie brauchte die Erlaubnis, sich von der Schwester abzulösen. So wurden ein paar Regeln vereinbart, z. B. dass Theresa an Maries Zimmertür zu klopfen hat, bevor sie eintritt. Marie hingegen zeigte sich einverstanden, einmal pro Woche etwas mit der Schwester zu unternehmen. Mit diesem Kompromiss legten sich die Spannungen etwas. Marie hatte die »Erlaubnis«, sich weiter um sich selbst zu kümmern, und Theresa und die Eltern wussten nun, dass Marie sie trotzdem noch lieb hatte.

Der innere Konflikt, den alle Jugendlichen durchmachen und mit dem auch viele Erwachsene zu tun haben, besteht darin, einerseits seine eigene Entwicklung vorantreiben zu wollen und andererseits befürchten zu müssen, anderen dabei auf den Schlips zu treten. Die zentrale Frage lautet dann: Wie kann ich autonom werden und gleichzeitig mit anderen verbunden bleiben?

»Die Adoleszenz stellt mit ihrem Identitätsumbruch wie keine andere Zeit eine kritische Phase für Geschwisterbeziehungen dar«[5], schreibt der Kinder- und Jugendpsychiater Hans Sohni zu Recht. Dennoch schlummern auch Chancen darin, wenn sich die Älteren von den Jüngeren abgrenzen oder zurückziehen: Auch das kleinere Geschwisterkind kann sich nun neu orientieren. Oft werden dann auch Freunde wichtiger oder es wendet sich intensiver einem noch jüngeren Geschwisterkind zu und erlebt sich dann selbst verstärkt als »groß« und »eigenmächtig«.

Auf jeden Fall sorgt die Pubertät für zum Teil dramatische Veränderungen in den Geschwisterbeziehungen. Eltern tun gut daran, diese Veränderungen nicht unterbinden zu wollen, sondern sie freundlich zu begleiten.

• Werfen Sie also gelegentlich auch einen Blick auf den Bruder bzw. die Schwester des Teenagers:
  – Wie geht es dem jüngeren Kind mit den Veränderungen des Jugendlichen? Ist es traurig oder wütend? Wie zeigt sich das?
  – Welche Möglichkeiten hat es gefunden, damit umzugehen? Trifft es sich z. B. mehr mit Freunden oder spielt es öfter mit dem kleinen Bruder?
  – Was braucht es von Ihnen zur Unterstützung?
• Sinnvoll ist es auch, den jüngeren Geschwistern zu erklären, was mit ihren Teenager-Geschwistern passiert. Schon ein Satz wie: »*XY ist in einer Phase, in der sie sich gerne mit Gleichaltrigen trifft, das ist jetzt sehr wichtig für sie. Das heißt aber nicht, dass sie dich weniger lieb hat!*«, kann manchmal tröstlich sein.

Ob sich Geschwister in den jungen Erwachsenenjahren wieder einander annähern oder sich voneinander entfremden, hängt von sehr unterschiedlichen Parametern ab. Eltern haben darauf in der Regel kaum noch Einfluss.

Selbstfürsorge: 5 Tipps, sich Gutes zu tun

Wenn die Kinder in die Pubertät kommen, neigen manche Eltern dazu, sich zu wenig um sich selbst zu kümmern – zu sehr sind sie mit dem Jugendlichen und seinen Befindlichkeiten beschäftigt. Besonders Mütter reiben sich oft zwischen Job, Haushalt und der Auseinandersetzung mit dem Teenager auf.

Dabei ist es besonders wichtig, ganz bewusst die Verantwortung für sich selbst und die eigene Befindlichkeit zu übernehmen. Das heißt konkret: Passen Sie gut auf sich auf und kümmern Sie sich um sich. Nur wenn es Ihnen gut geht, können Sie auch ein guter »Sparringspartner« für Ihr Kind sein. Und das Loslassen fällt dann auch leichter.

1. *Suchen Sie sich Gleichgesinnte, mit denen Sie über Ihre Gefühle, Ängste, Sorgen und Hoffnungen vertrauensvoll reden können.*
   Sprechen Sie auch mit älteren Frauen, die diese Lebensphase schon gemeistert haben, und lassen Sie sich von ihnen inspirieren und Mut machen.

2. *Tun Sie sich etwas Gutes! Überlegen Sie: Was hilft mir in meiner jetzigen Situation?*
   Besinnen Sie sich bewusst auf sich selbst und Ihre Bedürfnisse und Wünsche: Was wollte ich schon lange mal tun, hatte aber noch keine Zeit dazu?

3. *Nutzen Sie den neu gewonnenen Freiraum!*
   Jugendliche brauchen zwar noch Aufmerksamkeit, aber keine Rundum-die-Uhr-Kontrolle mehr. Suchen Sie sich einen neuen Job, ein interessantes Ehrenamt, betätigen Sie sich künstlerisch, treten Sie in einen Chor ein etc. Tun Sie alles, was Ihnen guttut und Spaß macht. Das stärkt Sie und bereichert Ihr Leben.

4. *Besinnen Sie sich wieder stärker auf Ihre Partnerschaft.*
   Jetzt ist auch die Zeit gekommen, in der Sie sich wieder mehr Zeit für Ihren Partner nehmen können.
   Überlegen Sie gemeinsam:
   – Wie geht es uns miteinander?
   – Was läuft prima, was könnten wir verbessern?
   – Wie könnten wir uns in dieser Umstellungsphase gegenseitig unterstützen?

5. *Setzen Sie sich neue Ziele.*
   Sie haben schon vieles erreicht. Doch nun könnten Sie sich langsam neue Ziele stecken. Wie wäre es mit dem Planen einer größeren Reise?

Oder einem neuen Hobby? Fangen Sie (gemeinsam mit Ihrem Partner) zu träumen an – dann kristallisieren sich neue Ideen und Ziele schnell heraus.

Flauschig bleiben
Die etwas andere Art, mit Jugendlichen umzugehen

»Man sieht nur mit dem Herzen gut. Das Wesentliche ist für die Augen unsichtbar«[6], sagt der Kleine Prinz in der gleichnamigen Geschichte von Antoine de Saint-Exupéry. Dieser wunderbare Satz steckt voller Wahrheit. Und er gilt ganz besonders im Umgang mit Jugendlichen.

Jemanden »mit dem Herzen zu sehen«, ihn wahr und ernst zu nehmen, ist eines der schönsten Geschenke, die ein Mensch einem anderen machen kann. Leicht fällt uns das, wenn der andere uns ähnlich ist und wir glauben, sein Verhalten verstehen zu können. Wenn wir uns ihm nah fühlen. Und wenn der andere uns guttut.

Wir erspüren auch schnell beim anderen Eigenschaften, die wir selbst haben. Sind wir selbst oft traurig, können wir schnell die Trauer des anderen erspüren. Sind wir schüchterne Menschen, haben wir oft Mitgefühl mit anderen Schüchternen. Schließlich kennen wir diese Gefühle, sie sind uns vertraut und verbinden uns mit dem anderen.

Schwieriger wird es, einen Menschen wahrzunehmen und ernst zu nehmen, wenn dieser sich vor uns verschließt oder sich für uns unverständlich verhält. Woher soll ich wissen, was in ihm vorgeht? Wie kann ich ihn dann verstehen? Das ist in der Tat nicht immer ganz einfach. Besonders auch im Umgang mit Jugendlichen stoßen Eltern da manchmal an ihre Grenzen. *»Ich würde meinen Sohn gerne verstehen, aber er sagt ja nichts!«*, so klagen manche Eltern. Und in der Tat ist es zum Teil schlicht nicht möglich zu wissen, was in einem Teenager alles vor sich geht.

Aber das ist auch Teil des Plans. Jugendliche wollen nicht mehr, dass wir in sie hineinschauen können. Sie wollen selber bestimmen, was sie wem erzählen und zeigen. Und gleichzeitig sind sie eben noch auf unser Wohlwollen und unser Verständnis angewiesen. *Eltern müssen also zunächst akzeptieren, dass sie nicht immer wissen können, was mit ihrem Kind los ist. Das ist unmöglich und auch nicht wünschenswert.*

Hilfreich könnten folgende Denkanstöße sein:

• Gehen Sie stets davon aus, dass Ihr Kind einen Grund hat, sich auf eine bestimmte Art und Weise zu verhalten – auch wenn Sie diesen Grund gerade nicht kennen.

- Unterstellen Sie Ihrem Kind keine bösen Absichten.
- Teenager haben ein Recht darauf, Liebeskummer und Co. für sich zu behalten, wenn sie das möchten.
- Und: Es ist kein Zeichen mangelnden Vertrauens, wenn Teenager Ihnen nicht ständig ihr Herz ausschütten, sondern ein Abgrenzungsversuch.

Trotz allem ist es wichtig, sich immer mal wieder um Verständnis zu bemühen und Interesse zu zeigen. Der Jugendliche sollte schon spüren, dass man versucht, an ihm »dranzubleiben«, allerdings ohne ihn zu belästigen. Hier die passende Dosierung zu finden, ist eine kleine Herausforderung. Aber keine Sorge: Ihr Kind wird Ihnen schon signalisieren, wie nah Sie kommen dürfen. Sie können also nicht viel falsch machen.

Übrigens: Nur weil *wir v*ersuchen, Jugendliche zu verstehen, dürfen wir nicht im Umkehrschluss von ihnen erwarten, dass auch sie sich bemühen, *uns* zu verstehen. Eltern sind hier in der Bringschuld. Einfach weil die Jugendlichen das für ihre Entwicklung brauchen. Erwachsene können diesbezüglich selber für sich sorgen, Jugendliche nicht.

Erst wenn aus den Jugendlichen Erwachsene geworden sind, kann ein wirklich partnerschaftliches Verhältnis eingeführt und aufrecht erhalten werden, in dem dann auch entsprechendes Verständnis eingefordert werden kann.

Von wegen zickig! 10 Sachen, die Heranwachsende liebenswert machen

Jugendliche sind liebenswerte Kreaturen, die sich in einer Reifungskrise befinden. Sie sind keine Monster und keine Kakteen. Und sie haben viele Qualitäten, die oft zu wenig gewürdigt werden. Z. B.:

1. *Jugendliche sind erfrischend ehrlich*
   Auch wenn es für Eltern manchmal wenig schmeichelhaft ist: Jugendliche sagen meistens recht unverblümt, was sie denken. Das kommt manchmal zu »ruppig« oder uncharmant rüber, trifft aber oft einen wahren Kern.
   Schätzen Sie diese Aufrichtigkeit, statt sich nur über die Direktheit aufzuregen. Irgendwas können Eltern immer daraus lernen! Und

wenn nicht – dann wissen Sie einfach ein bisschen mehr über die Meinung und die Befindlichkeit Ihres Kindes. Das ist doch auch gut!

2. *Jugendliche sind kritisch*
Wegen der wachsenden kognitiven Kompetenzen ist der Jugendliche nun in der Lage, das Verhalten der Erwachsenen in Frage zu stellen. Sie erkennen inkonsequentes Verhalten, entlarven Heucheleien und werfen uns das auch prompt vor. So mancher Erwachsene fühlt sich dann »ertappt«, was sofort Schamgefühle und Ärger auf den Plan ruft. Das ist sehr unangenehm. Doch auch hier sollten Eltern die Fähigkeiten des Kindes wertschätzen: Es ist viel wert, dass Ihr Kind sich jetzt nichts mehr vormachen lässt! Diese Fähigkeit braucht es im weiteren Leben ganz dringend, um eigene Entscheidungen treffen zu können und verantwortungsvoll mit sich und anderen umzugehen.

3. *Jugendliche durchschauen Manipulationsversuche*
Da Jugendliche oft recht klarsichtig sind, lassen sie sich nicht mehr wie Kinder »ködern« oder »erpressen«. Sie empfinden das als Manipulationsversuche, die sich mit ihrem Autonomiebestreben nicht vereinbaren lassen. In der Regel lassen sich Jugendliche nur »bestechen«, wenn sie das Gefühl haben, keine andere Wahl zu haben.

4. *Jugendliche sind fix im Denken*
Die schnelle Auffassungsgabe von Jugendlichen ist manchmal erschreckend. Sie erklären ihren Eltern das nagelneue Smartphone oder ein physikalisches Gesetz, von dem die Eltern noch nie etwas gehört haben. Auch in Fremdsprachen – besonders in Englisch – sind Jugendliche oft fitter als ihre Eltern, was natürlich viel mit der gesamtgesellschaftlichen Entwicklung zu tun hat.
Sie können rasch Zusammenhänge erfassen, stellen kühne Thesen auf und diskutieren Eltern gerne mal unter den Tisch. Das alles sind doch wunderbare Fähigkeiten, über die sich Eltern freuen sollten.

5. *Jugendliche sind kreativ und innovativ*
Jugendliche verfügen über ein hohes kreatives Potenzial. Das fängt mit der Entwicklung einer eigenen Jugendsprache und modischen Neukreationen an, geht über pfiffige Ausreden und spannende Kunstaktionen und endet in komplexen technischen Erfindungen. Ob Musik oder Theater, Schreiben oder Basteln: Wenn Jugendliche entsprechende Möglichkeiten bekommen, können sie tolle Sachen auf die Beine stellen.

6. *Jugendliche können philosophieren*
Mit Jugendlichen kann man fantastisch philosophieren. Sie denken

gerne »um die Ecke«, um das Normale und Gewohnte in Frage zu stellen, und entwickeln interessante Gedankengänge und idealistische Szenarien. Man muss nicht dieselbe Meinung vertreten wie die Kinder, aber man sollte sich schon ihre Gedanken anhören und mit ihnen ins Gespräch kommen – wenn sie das wünschen.

7. *Jugendliche können tagträumen*
Jugendliche haben noch Ideale und können oft tagträumen. Das haben sich viele Erwachsene leider abgewöhnt, weil – so die gängige Argumentation – das Leben eben kein Ponyhof ist. Dabei ist Tagträumen eine Fähigkeit, die wir uns durchaus wieder aneignen könnten. Denn wer nicht träumen kann, hat vermutlich auch keine schönen Ziele mehr.

8. *Jugendliche haben Sinn für Humor*
Jugendliche haben oft viel Humor. Auch wenn das ständige Gekicher und Gegacker manchmal nervig werden kann, sollten sich Eltern darüber freuen. Humor ist eine gesunde Haltung der Welt und sich selbst gegenüber. Je zufriedener man selber ist, desto mehr kann man sich auch über die Freude, die Albernheiten und den Humor eines Teenagers freuen.

9. *Jugendliche sind empfindsam*
Dass Jugendliche empfind*lich* und schnell gekränkt sein können, ist *eine* Sache. Dass sie aber auch empfind*sam* sind, wird oft nicht wahrgenommen. Viele Jugendliche erleben Gefühle oft intensiver als Erwachsene und fühlen sich diesen manchmal ausgeliefert.
Jugendliche stellen sich auch die Frage nach dem Sinn des Lebens, die ja durchaus aufwühlen kann. Erwachsene haben indessen den Sinn des Lebens entweder für sich gefunden oder sie haben schlicht aufgehört, sich darüber Gedanken zu machen. Jugendliche mit ihren Fragen nach Sinn ernst zu nehmen und sie darin zu unterstützen, hilfreiche Antworten zu finden, ist eine spannende Aufgabe der Eltern.

10. *Jugendliche haben ein ausgeprägtes Unrechtsbewusstsein.*
Während viele Erwachsene sich mit den Ungerechtigkeiten in der Welt irgendwie arrangiert haben oder einfach etwas abgestumpft sind, sehen Jugendliche hier oft noch Veränderungsmöglichkeiten. Das Interesse der Jugendlichen, für eine »bessere Welt« zu kämpfen, sollten Eltern als Stärke sehen. Und nicht als »idealistische Spinnereien« abtun.

Was fällt Ihnen sonst noch ein?
- Was gefällt Ihnen an Ihrem Teenager gut?
- Welche Eigenschaft Ihres Sohnes, Ihrer Tochter berührt Sie besonders?
- Auf welche Fähigkeiten Ihres Kindes sind Sie besonders stolz?

Mein Kind, das fremde Wesen? Interessiert sein!

Der schon erwähnte Paartherapeut Michael Lukas Moeller hat dafür plädiert, den Partner immer wieder neugierig und vorurteilsfrei zu betrachten. Das sei nötig, um ihm und seiner sich weiter entwickelnden Persönlichkeit gerecht werden zu können. Das ist ohne Zweifel richtig. Denn unsere Wahrnehmung ist stark geprägt von unseren eigenen Erfahrungen und Gefühlen. Ein echter, unverstellter Blick auf den anderen ist oft nicht möglich. Je stress- und konfliktreicher die Beziehung sich gestaltet, desto enger wird dann unsere Wahrnehmung. Oft sehen wir dann nur noch das, was wir erwarten oder befürchten. Dann heißt es gerne: *»Jetzt hast du schon wieder …«* oder: *»Es ist doch immer dasselbe mit dir.«* Damit reduzieren wir den anderen auf ein paar spezielle Verhaltensweisen – vermutlich auf diejenigen, die wir am wenigsten leiden können und die uns in irgendeiner Weise Kummer oder Ärger bereiten.

Was Michael Lukas Moeller für die lebendige Partnerschaft postuliert hat, kann auch im Umgang mit Jugendlichen nicht ganz verkehrt sein. Moellers Maxime *»Ich bin nicht du, ich weiß dich nicht!«* kann also auch eine wunderbare Hilfe im Umgang mit Jugendlichen sein. Diese Haltung einzunehmen bedeutet,

- Respekt vor dem Innenleben des anderen zu haben und diesen auch zu bekunden,
- den anderen nicht für Projektionen der eigenen Gefühle zu benutzen,
- immer wieder interessiert und offen für den Jugendlichen zu sein,
- den Jugendlichen in seiner Vielfältigkeit erkennen zu wollen,
- den Jugendlichen nicht auf ein paar wesentliche Eigenschaften festzuschreiben,
- die Entwicklung des Jugendlichen bewusst miterleben zu wollen.

Die Haltung »Ich bin nicht du, ich weiß dich nicht!« in Bezug auf Heranwachsende einzunehmen, bedeutet auch, die Position der allwissenden Mutter, des allwissenden Vaters, aufzugeben. Viele Eltern machen sich ein klares

Bild von ihrem Kind: »*Er ist schüchtern.*« – »*Sie ist eine starke Persönlichkeit.*« – »*Er ist immer fröhlich.*« Auch wenn diese Aussagen stimmen mögen, so sind sie doch erstens Interpretationen, und zweitens repräsentieren sie nur einen einzigen Aspekt einer Person. Eine »*starke Persönlichkeit*« hat sicherlich auch »*schwache Momente*«, und ein fröhliches »Sonnenscheinkind« verbirgt oft seine Traurigkeit nur, weil es andere fröhlich machen möchte. Je enger Kinder und Jugendliche auf bestimmte Charaktermerkmale oder Verhaltensweisen festgelegt werden, desto weniger werden sie sich als ganzer Mensch wahrgenommen und gesehen fühlen. Da Kinder außerdem dazu neigen, Festschreibungen in ihr Selbstbild zu integrieren, glauben sie schließlich irgendwann selbst an diese vermeintlichen Wahrheiten. Sätze wie »*Ich bin dumm und faul*« schwächen dann das Selbstwertgefühl. Aber auch Vorstellungen wie »*Ich bin der ganze Stolz meiner Eltern*« können Kinder unter Druck setzen: »*Ich muss immer etwas tun, damit sie stolz sind. Sonst mögen sie mich vielleicht nicht mehr.*«

Besonders Eltern von Teenagern sollten also ihren Blick eher weiten als verengen. Und unbedingt *nicht* davon ausgehen, dass Sie Ihr Kind schon längst in- und auswendig kennen. Also: Neugierig bleiben und das Herz öffnen. Es lohnt sich!

Gute Gespräche führen

Wenn wir mit Jugendlichen in Kontakt bleiben oder kommen wollen, ist es wichtig, gelegentlich tiefgründige Gespräche zu führen. Damit meine ich etwas anderes als das alltägliche Geplänkel über Hausaufgaben und oberflächliches Getratsche über den Hauptdarsteller einer TV-Serie, sondern Gespräche über bedeutsame Themen wie etwa Sorgen, Freunde, Liebeskummer etc. *Es geht darum, mit dem Heranwachsenden darüber ins Gespräch zu kommen, was ihn gerade bewegt, beschäftigt oder womöglich gar bedrückt.*

Teenagern eilt der Ruf voraus, für Gespräche nicht zugänglich zu sein. Natürlich haben sie keine Lust, ständig mit Mami und Papi über ihre Gefühle zu reden. Trotzdem sind Jugendliche meiner Ansicht nach viel aufgeschlossener für interessante und ernsthafte Gespräche, als man gemeinhin annimmt. Man muss eben nur den richtigen Ton finden, eine angemessene innere Grundhaltung einnehmen und gut zuhören können. Der Rest kommt dann schon von ganz allein. Folgende Tipps könnten helfen, mit Teenagern ins Gespräch zu kommen:

- *Achten Sie darauf, einen günstigen Zeitpunkt zu erwischen.* Wenn Sie nur noch 10 Minuten Zeit haben oder Ihr Kind gerade erschöpft von der Schule kommt, ist das mit Sicherheit kein guter Moment, um über persönliche oder sensible Themen zu sprechen.
- *Wichtig ist, einen guten Gesprächseinstieg zu finden.* Gut geeignet sind dazu offene Fragen wie: *»Wie geht's dir denn eigentlich so?«* oder: *»Ich würde gerne mal wissen, was dich so beschäftigt. Hast du Lust, mir davon zu erzählen?«* Gehen Sie möglichst locker vor.
- *Wenn Ihr Kind gerade keine Lust oder keine Zeit hat, respektieren Sie das.* Manchmal ist man eben nicht in Plauderlaune.
- *Wenn Ihr Kind grundsätzlich aggressiv auf Sie reagiert, liegt eine Störung vor, die Sie zunächst besprechen sollten.* Dann wäre eine Frage wie *»Ich habe den Eindruck, dass du auf mich sauer bist, stimmt das?«* nützlich.
- *Nehmen Sie sich nichts Bestimmtes vor.* Das Gespräch soll ergebnisoffen geführt werden, d. h. es verfolgt keine Absicht: Es geht nicht darum, dem Kind etwas zu erklären oder ihm etwas vorschreiben zu wollen. Es geht ausschließlich darum, zu erfahren, was ihm so durch den Kopf geht, wie es sich fühlt usw.
- *Der Jugendliche muss das Gefühl haben, dass Sie sich wirklich für ihn interessieren.* Ansonsten wird er nicht bereit sein, etwas von sich zu zeigen. Das vermitteln Sie ihm nur, wenn Sie auch wirklich offen und interessiert *sind.* Zu einer prinzipiellen Offenheit gehört auch die Bereitschaft, Sachen zu hören, die einen womöglich (unangenehm) berühren.
- *Der Jugendliche muss das Gefühl bekommen, dass er die Kontrolle über sich, sein Leben und seine Gefühle hat.* Deswegen sollten Eltern immer respektieren, dass der Jugendliche selbst entscheidet, wie viel er von sich zeigen und erzählen möchte.
- *Gehen Sie davon aus, dass Sie Ihr Kind nicht gut kennen.* (*»Ich bin nicht du, ich weiß dich nicht!«*) Nur weil es sich hier um unsere Tochter oder unseren Sohn handelt, heißt das noch lange nicht, dass sie oder er so »tickt« wie wir. Wir neigen ohnehin zu sehr dazu, eigene Gefühle und Anteile auf unsere Kinder zu projizieren. Achten Sie also darauf, Ihre eigenen Gefühle von denen Ihres Kindes zu trennen.
- *Stellen Sie das Anliegen bzw. das Thema Ihres Kindes in den Mittelpunkt des Gespräches.* Es geht jetzt weniger um Sie und Ihre Bedürfnisse, sondern verstärkt um die Belange des Teenagers.
- *Verschonen Sie Ihren Jugendlichen mit Ihren Problemen.* Dazu sind

Partner und Freunde da. Wenn Sie Probleme mit Ihrem Sohn oder Ihrer Tochter haben, klären Sie das miteinander. Erwarten Sie aber nicht, dass Ihr Teenager sich ändert, damit es Ihnen wieder besser geht!

- *Versuchen Sie, nicht »pädagogisch« zu denken.* Gehen Sie nicht davon aus, dass Sie wüssten, was das Beste für Ihr Kind sei, und lassen Sie sich nicht dazu verleiten, ihm Ratschläge zu erteilen.
- *Hören Sie gut zu und fragen Sie nach, wenn Sie etwas nicht verstanden haben.* Oft sind wir zu ungeduldig oder meinen zu schnell, etwas bereits verstanden zu haben. Fragen Sie vorsichtshalber öfter mal nach, ob Sie Ihr Kind »richtig« verstanden haben. So vermeiden Sie Missverständnisse und Konflikte.

Darüber hinaus könnten folgende grundsätzliche Tipps die Kommunikation zwischen Eltern und Teenagern verbessern:

- *Wenn Sie ein Anliegen haben, so bringen Sie dieses klar und deutlich vor.* »Ich möchte dir sagen, dass ...«
- *Sprechen Sie von sich selbst,* also weder von »du« noch von »man«, sondern in Ich-Form.
- *Formulieren Sie positiv.* Sagen Sie konkret, was Sie erwarten oder sich wünschen. Sagen Sie *nicht*, was Sie *nicht* wollen!
- *Halten Sie keine Moralpredigten oder Standpauken!* Das bleibt unpersönlich, hinterlässt ein schales Gefühl und ist ineffektiv oder macht sogar wütend.
- *Vermeiden Sie Phrasen wie »Das gehört sich nicht!«.* Bleiben Sie persönlich. *»Ich möchte nicht, dass ...!«*
- *Seien Sie authentisch:* Senden Sie möglichst keine Doppelbotschaften, indem Sie etwas anderes sagen, als Sie fühlen oder denken. Ihr Kind erspürt das und reagiert darauf sicherlich irritiert oder gereizt. Achten Sie auch auf Ihre Körpersprache!
- *Konzentrieren Sie sich auf die jetzige Situation, auf das Hier und Jetzt.* Lassen Sie alle Schwierigkeiten der Vergangenheit außen vor und besprechen Sie nur das aktuelle Thema!
- *Achten Sie darauf, Verallgemeinerungen zu vermeiden.* Begriffe wie »immer«, »nie«, »dauernd«, »ständig« sollten Sie nicht benutzen. Diese Wörtchen bringen jeden auf die Palme!
- *Achten Sie auch unbedingt darauf, keine Festschreibungen vorzunehmen.* Meiden Sie Sätze wie *»Du bist faul!« – »Du hast ja nie Lust zum Aufräumen!«* usw. Oder relativieren Sie diese mit einer Einleitung,

etwa *»Ich habe den Eindruck, dass du heute ... bist«.* Am besten ist es aber, solche Aussagen prinzipiell zu vermeiden. Sie werden oft als Beleidigung empfunden.

- *Gehen Sie vorsichtig mit Ironie um.* So schön Humor sein kann, so verletzend kann eine ironische oder gar sarkastische Bemerkung wirken.

- *Stellen Sie möglichst keine geschlossenen Fragen*, also Fragen, auf die Ihr Kind nur mit Ja oder Nein antworten kann. Das kann leicht Verhörcharakter bekommen und fühlt sich deshalb für den Jugendlichen nicht gut an.

- *Vermeiden Sie Warum-Fragen.* Sie katapultieren Ihren Teenager in eine Rechtfertigungssituation, die schnell zu Frust und Ärger führen kann. Fragen Sie lieber z. B. *»Wie kam es denn dazu, dass du ... vergessen hast?«* Bedenken Sie aber unbedingt auch, dass der Tonfall eine bedeutende Rolle spielt. Wenn Sie ärgerlich sind, ist es relativ gleichgültig, welche Worte Sie wählen, denn der Ärger wird Ihnen anzumerken sein. Aber das darf natürlich auch ruhig mal sein.

- *Vermeiden Sie Vorwürfe, Anschuldigungen etc.* Es ist verständlich, dass man manchmal aus Wut jemandem einen Vorwurf macht. Das ist an sich nicht schlimm, wenn dieser nicht gravierend ist oder sich schnell ausräumen lässt. In einem Gespräch, in dem man miteinander einen Konflikt klären will, sind Vorwürfe aber kontraproduktiv. Sie führen dazu, dass der andere sich schuldig fühlt und in Erklärungsnot gerät. Außerdem ist er geneigt, »dichtzumachen« und den Vorwurf abzuwehren. (*»Das hab ich gar nicht gesagt/gemacht/so gemeint ...«*) Ein konstruktiver Dialog wird dadurch verhindert.

- *Fragen Sie Ihre Tochter / Ihren Sohn nicht aus.* Das klassische Ausfragen dient der Ausübung von Kontrolle und Macht. Der Ausgefragte fühlt sich folgerichtig »klein« und degradiert. Seien Sie also vorsichtig mit typischen Elternfragen wie: *»Was hast du gemacht?«*, *»Wo warst du?«* und *»Warum kommst du zu spät?«* Dosieren Sie diese gut und achten Sie auf einen interessierten und nicht kontrollierenden Tonfall.

- *Sprechen Sie keine Drohungen aus.* In einer Eltern-Teenager-Beziehung sollten Androhungen von Strafen keinen Platz haben. Sie belasten das Vertrauensverhältnis – auch dann, wenn die angedrohten Strafen gar nicht eintreten. Legen Sie lieber ggf. gemeinsam Konsequenzen fest, für den Fall, dass mal etwas schiefgehen sollte.

- *Verzichten Sie öfter mal auf Kommentare – vor allem auf kritische!* Eltern müssen sich nicht wundern, dass sich ihre Jugendlichen genervt zurückziehen, wenn sie häufig kritische oder besserwisserische Kommentare von Mutter oder Vater ernten. Also: Einfach öfter mal »die Klappe halten«!

- *Fragen Sie Ihren Teenager immer mal wieder nach seiner Meinung.* Das signalisiert Interesse, vermittelt dem Kind aber auch das Gefühl, ernst genommen und wichtig zu sein.
- *Respektieren Sie die Meinung Ihres Kindes.* Auch wenn Sie anderer Ansicht sind: Lassen Sie die Meinung Ihres Kindes einfach so stehen. Es ist nicht nur okay, wenn Ihr Kind andere Ansichten hat als Sie, sondern es trägt auch maßgeblich zur Persönlichkeitsentwicklung bei.

Die Kunst der Annahme: Jugendliche lieb haben

Eltern haben oft ein ambivalentes Verhältnis zu ihren Jugendlichen. Das liegt zum großen Teil daran, dass die Jugendlichen selbst ambivalent sind: Mal noch das liebenswerte, schutzbedürftige und anhängliche Kind, dann wieder dieses kratzbürstige fremde Etwas, das uns von sich stößt. Eltern sagen oft: *»Ich liebe mein Kind ja, aber ...«, »Er benimmt sich oft daneben!«, »Sie zickt ständig rum!«* oder: *»Er ist einfach manchmal unausstehlich.«*

Wie man an der Formulierung *»Ich liebe mein Kind ja, aber ...«* gut erkennen kann, wird die Zuneigung zu dem Kind durch das »aber« eingeschränkt. Es liegt am Verhalten des Kindes, dass man es nicht vollkommen lieb haben kann. Das Kind mit seinem ambivalenten Verhalten sorgt also (angeblich) selbst dafür, dass die Eltern es nicht mehr rundum lieben. Der Teenager ist schuld.

Das Ganze hat natürlich einen Sinn. Denn der Jugendliche will sich Freiraum schaffen. Wie kann das aber gelingen, wenn Sie Ihr Kind immer nur toll finden? Würden Eltern ihr Kind nicht auch mal doof oder abstoßend finden, dann würden sie sich überhaupt nicht zurückziehen! Jugendliche wollen also gar nicht immer toll gefunden und dauergeliebt werden. Sie brauchen Abstand. Zumindest manchmal. Und den schaffen sie sich, indem sie die Eltern vor den Kopf stoßen, sie provozieren, dafür sorgen, dass man sie »blöd« findet. *Je enger eine Mutter-Kind- oder Vater-Kind-Bindung war, desto heftiger fällt dann oft der Versuch aus, sich per »Kratzbürstigkeit« mehr Raum zu verschaffen.*

Trotzdem brauchen Teenager natürlich eine stabile emotionale Rückendeckung: unsere Liebe. Doch wie geht das? Wie kann man jemanden lieben, der unsere Nerven mitunter sehr strapaziert und uns wenig Bestätigung gibt?

Zugegeben, es ist nicht immer einfach, einen Jugendlichen lieb zu haben. Die Liebesfähigkeit der Eltern wird in der Pubertät auf eine echte Probe gestellt. Allerdings muss man Teenager auch nicht immer lieb haben. Auch wir dürfen Kinder mal peinlich oder einfach nur doof finden. Wir sind deswegen noch lange keine schlechten Eltern.

Für den Psychoanalytiker Erich Fromm ist es sogar der Gradmesser unserer mütterlichen (und väterlichen?) Liebe schlechthin, ob wir in der Lage sind, unsere Kinder auch dann noch zu lieben, wenn sie uns nicht mehr brauchen, von uns nicht mehr abhängig sind. So schreibt er in *Die Kunst des Liebens*: »Die Mutterliebe zum heranwachsenden Kind, jene Liebe, die nichts will für sich, ist vielleicht die schwierigste Form der Liebe; und sie ist sehr trügerisch, weil es für eine Mutter so leicht ist, ihr kleines Kind zu lieben. Aber gerade weil es später so schwer ist, kann eine Frau nur dann eine wahrhaft liebende Mutter sein, wenn sie überhaupt zu lieben versteht und wenn sie fähig ist, ihren Mann, andere Kinder, Fremde, kurz alle menschlichen Wesen zu lieben. Eine Frau, die nicht fähig ist, in diesem Sinn zu lieben, kann zwar, solange ihr Kind noch klein ist, eine fürsorgende Mutter sein, aber sie ist keine wahrhaft liebende Mutter. Die Probe darauf ist ihre Bereitschaft, die Trennung zu ertragen und auch nach der Trennung noch weiter zu lieben.«[7]

Da Liebe, vor allem die mütterliche Liebe, ein etwas überstrapazierter Begriff ist, möchte ich an dieser Stelle gerne den Begriff »Annahme« einführen.

Was ist Annahme? *Annahme ist eine grundsätzliche innere Bereitschaft, sich selbst oder eine andere Person voll und ganz so zu akzeptieren, wie sie gerade ist.* Das fällt uns verständlicherweise leicht, wenn sich jemand uns gegenüber freundlich verhält. Denn das gibt uns das Gefühl, liebenswert zu sein. Wir finden Menschen schnell sympathisch, die uns wohlgesinnt zu sein scheinen, die uns Gutes tun und uns höflich behandeln. Begegnet uns hingegen ein muffeliger Mensch, so erleben wir das als Affront und sind beleidigt. Dabei wissen wir gar nicht, warum dieser Mensch gerade muffelig ist, vermutlich hat sein Verhalten gar nichts mit uns zu tun. Trotzdem finden wir ihn eher unsympathisch, er bestätigt uns nicht und gibt uns auch nicht das Gefühl, liebenswert zu sein.

Ähnlich ist das natürlich auch mit unseren Kindern, wenn auch noch weitaus heftiger. Sind unsere Kinder lieb und anhänglich, so ist das nicht nur schön und angenehm, sondern es stärkt auch unser Selbstwertgefühl.

Das wiederum gibt uns Kraft für unser Leben und die Beziehung zu den Kindern.

Verhalten sich die Kinder jedoch unserer Ansicht nach nicht so, wie sie es tun sollten, dann fühlen wir uns nicht bestätigt und bekommen schnell das Gefühl, als Eltern und Mensch nicht viel zu taugen. Das kratzt am Selbstbewusstsein und verunsichert. Und es trägt dazu bei, dass wir das Kind mehr oder weniger ablehnen. Das wiederum vertieft die Kluft und verstärkt die Spannungen, so dass ein Teufelskreislauf entsteht: Die Eltern erwarten, dass das Kind sich anders benimmt, damit sie sich wieder besser fühlen können. Das Kind fühlt sich unter Druck gesetzt und verweigert sich. Die Eltern sind wieder frustriert und schimpfen, und das Ganze geht wieder von vorne los.

Es ist der Job der Eltern, aus dieser Spirale auszusteigen; Kinder sind in der Regel dazu nicht in der Lage, weil ihnen die Übersicht fehlt. *Die Kunst der Annahme von Jugendlichen besteht also darin, das Kind auch dann grundsätzlich zu akzeptieren, wenn es sich nicht bestätigend oder sich gar manchmal provokativ verhält.* Das ist wahrlich nicht immer leicht und trotzdem einen Versuch wert. Denn wenn Eltern in der Lage sind, einen Teenager auch mit seinen Ecken und Kanten und seinen Widersprüchen anzunehmen, dann tragen sie sehr zu seiner emotionalen Stabilisierung bei. Der passende Satz wäre dann: »*Ich liebe mein Kind, auch wenn es sich manchmal ... benimmt.*« Der Unterschied zu der »aber«-Konstruktion besteht darin, dass das Verhalten des Kindes auf die eigene positive Grundhaltung keinen gravierenden Einfluss hat. Das heißt z. B.:

- »*Ich mache meine Zuneigung nicht von dem Verhalten des Kindes abhängig.*«
- »*Ich kann mein Kind lieben, auch wenn es mich gerade abzulehnen scheint.*«
- »*Ich stehe zu meinem Kind, auch wenn es nicht immer das tut, was ich gutheißen würde.*«

An einer solchen annehmenden Haltung muss man freilich immer wieder arbeiten. Jemanden von ganzem Herzen anzunehmen, ist aber eine ganz besondere Art der Liebe: Sie ist fördernd, unterstützend und stärkend. Und das ist genau das, was Jugendliche jetzt brauchen. Erich Fried hat zum Thema Annahme ein wundervolles Gedicht geschrieben:

Was es ist

Es ist Unsinn
sagt die Vernunft
Es ist was es ist
sagt die Liebe

Es ist Unglück
sagt die Berechnung
Es ist nichts als Schmerz
sagt die Angst
Es ist aussichtslos
sagt die Einsicht
Es ist was es ist
sagt die Liebe

Es ist lächerlich
sagt der Stolz
Es ist leichtsinnig
sagt die Vorsicht
Es ist unmöglich
sagt die Erfahrung
Es ist was es ist
sagt die Liebe[8]

ERICH FRIED

Muss man auf seine Kinder stolz sein? Warum Schule und Leistung überbewertet werden

Vielen Eltern von heute ist es sehr wichtig, dass ihre Kinder erfolgreich in der Schule sind. Das ist verständlich, denn wir alle wissen, wie wichtig ein Schulabschluss für die weitere berufliche Laufbahn eines Kindes und wie komplex der globalisierte Arbeitsmarkt ist.

Allerdings werden gute Zensuren manchmal so teuer erkauft, dass man sich fragen muss, ob sich Aufwand und Kosten lohnen. Wenn ein Jugendlicher in eine schwierige Phase kommt, so kann ihn der Schulstoff schlicht so langweilen, dass er sich kaum darauf konzentrieren kann. Er kann überfordert sein, weil er so viele andere »Themen« zu bewältigen hat, sein Kopf einfach nicht frei ist. Kommt dann noch verstärkter Druck von Schule und Elternhaus auf den Jugendlichen zu, macht er schnell »dicht«, zieht sich zurück oder fühlt sich als Versager. Eltern müssen hier das richtige Mittelmaß zwischen Förderung und Loslassen finden. Es nutzt nichts, einem absolut lernunwilligen Teenager stundenlang Vokabeln einpauken zu wollen oder ihm das Hobby zu streichen, weil die Noten nicht gut genug waren. *Jugendliche brauchen Erfolgserlebnisse. Wenn sie diese in der Schule nicht bekommen, muss mindestens ein interessantes Hobby her, bei dem sich der Teenager beweisen und wobei er Spaß haben kann.* In Zeiten von G 8 kommen Hobbys ohnehin häufig zu kurz, diesbezüglich sollten Eltern kulant sein. Es geht im Kinderleben nicht nur um Leistung, es geht vor allem um eine gesunde psychische Reifung. Besonders die Adoleszenz ist diesbezüglich eine wichtige Phase. Die Seele der Jugendlichen ist sensibel und verletzbar.

Bedenken Sie also:

- Legen Sie nicht zu viel Wert auf (sehr) gute Noten. Später fragt kein Mensch danach, ob Ihr Kind in der 6. oder 7. Klasse eine 3 oder 4 im zweiten Schulhalbjahr Mathe hatte.
- Setzen Sie Ihren Teenager möglichst wenig unter Druck, schon gar nicht unter Androhung von Strafmaßnahmen.
- Zeigen Sie Verständnis, wenn Ihr Kind sich an schulischen Dingen gerade nicht sonderlich interessiert zeigt. Es gibt so viel Wichtigeres zu entdecken: den eigenen Körper, das andere Geschlecht ...! Da kann Geografie schon mal langweilig scheinen.
- Viele Jugendliche sacken in der Mittelstufe etwas ab. Oft werden die Noten wieder besser, wenn sie in die Oberstufe kommen.
- Wenn Ihr Kind sich sehr durch die Schule quält und Sie ständig Ärger haben, kann ein Schulwechsel oder die Wiederholung einer Klasse ein Segen sein.
- Und überhaupt: Muss es wirklich immer das Abitur sein? Erstens gibt es sehr interessante Ausbildungsberufe mit hervorragenden Aufstiegschancen. Und zweitens kann man das Abitur auch später nachholen. An vielen Universitäten kann man auch ohne Abitur studieren, wenn man eine Ausbildung absolviert hat. Also nicht verzagen, wenn es mit der Schule und den Leistungen gerade nicht so klappt. Viele Wege führen zum Ziel!
- Machen Sie Ihre Zuwendung nicht von der Leistung des Kindes abhängig. Ob jemand gute oder schlechtere Noten hat, sagt nichts über seinen Charakter aus. Und meistens noch nicht mal etwas über seine Intelligenz.

Ein weiterer heikler Punkt in der Erziehung ist der Stolz. Viele Eltern wollen stolz auf ihre Kinder sein. Das liegt daran, dass Eltern über den Stolz eine positive Rückmeldung für ihre Erziehungsarbeit bekommen. Das ist gut nachvollziehbar, denn wir alle wünschen uns die Bestätigung, dass wir es »richtig«, dass wir es »gut« gemacht haben.

Stolz ist jedoch ein zwiespältiger Geselle. Stolz kann man im Grunde genommen nur auf sich selbst sein, z. B. wenn man etwas geschafft hat, was einem selbst viel bedeutet. Ein Künstler kann stolz auf sein neuestes Werk sein, in das er viel Zeit und Arbeit investiert hat. Eine Schülerin kann stolz auf eine gute Zensur sein, weil sie für den Test viel üben musste. Und ein Kind empfindet Stolz, wenn es zum ersten Mal allein eine Schleife gebunden hat.

Wenn Eltern jedoch stolz auf die Leistung ihres Kindes sind und diese womöglich noch laut in die Welt hinausposaunen, so nehmen sie den Kindern das Erfolgserlebnis weg. Für die Freude und den Stolz des Kindes auf sich selbst bleibt dann weniger Raum. Das Kind merkt zudem, dass es mit seinem Erfolg die Eltern stolz macht, es ist dann mit seinem Erleben mehr bei den Eltern als bei sich: Es freut sich dann mehr darüber, dass die Eltern sich freuen, als über seinen eigenen Erfolg.

Viel wichtiger für das Kind wäre es, wenn die Eltern sich mit dem Kind über dessen Erfolg freuen, ihm Anerkennung und Respekt zollen. Auch dann übrigens, wenn es vielleicht wenig geschafft, sich aber sehr bemüht hat. Ein Kind, das stundenlang für eine Arbeit gelernt hat, aber trotzdem »nur« eine 3 geschrieben hat, verdient Anerkennung für seine Anstrengung. »Gemecker« über die angeblich immer noch zu schlechte Note ist hier unangebracht.

Es kann auch für erfolgreiche Kinder sehr anstrengend werden, wenn sie Leistungen erbringen müssen, um die Eltern stolz zu machen. Denn immer stärker nagt dann innerlich die bange Frage: *»Was, wenn ich meine Eltern mal enttäusche? Wenn ich nicht die erforderliche Leistung erbringe? Lieben sie mich dann trotzdem?«* Besonders Jugendliche wollen das dann mal ausprobieren: *»Was passiert, wenn ich mich querstelle?«* Sie verweigern dann Anstrengungen in der Schule und machen auch sonst wenig von dem, was ihre Eltern sich von ihnen wünschen. Die Zuwendung der Eltern wird auf den Prüfstand gestellt: *»Steht ihr zu mir, auch wenn ich mal kein Vorzeigekind bin? Darf ich auch mal ›versagen‹?«* Wenn Eltern in der Lage sind, in einer solchen Phase den Kontakt zu ihrem Teenager zu halten, kann der Jugendliche mit der Gewissheit aus der Pubertät herauskommen, geliebt zu sein – und zwar ganz unabhängig von seinen Leistungen. Verweigern die Eltern aber in einer solchen Situation ein Umdenken, kann das zu einem heftigen Familienkonflikt oder zu einer Entfremdung führen.

Kinder sollten deshalb lieber lernen, stolz auf sich selbst zu sein, ihre Leistungen und Bemühungen selbst anzuerkennen. Wenn Ihr Kind also Erfolgserlebnisse hat, fragen Sie lieber: *»Freust du dich über deinen Erfolg? Bist du stolz auf dich?«*, statt mit geschwellter Brust zu sagen: *»Ich bin so stolz auf dich, das hast du toll gemacht!«* Gut kommen auch Bemerkungen an wie: *»Ich finde es toll, dass du dich getraut hast, deinem Mitschüler mal die Meinung zu sagen. Respekt!«*

Um Missverständnissen vorzubeugen: Natürlich dürfen Eltern auch manchmal Stolz empfinden und ausdrücken. Warum auch nicht? Manchmal genießen Kinder das auch. Kinder sollten nur davor bewahrt werden, Mama und Papa immer stolz machen zu müssen.

Prüfen Sie also immer mal wieder, ob Sie sich mit Ihrem Kind über dessen Leistung freuen oder ob Sie im Grunde genommen stolz auf sich selbst sind, weil Sie so gelungene Kinder haben. Beides ist in Ordnung, man sollte es aber nicht vermischen.

Übrigens: Natürlich sollten Eltern auch stolz auf sich selbst sein. *»Ich bin stolz, dass ich meine Kinder bislang so gut durchs Leben begleitet habe.«* Klopfen Sie sich gerade in stürmischen Zeiten immer mal wieder auf die Schulter. Sie haben es verdient.

Schluss mit »pädagogisch wertvoll«! Sondern: Sparringspartner werden

Wenn Eltern in die Familienberatung oder -therapie kommen, haben sie oft Sorge, von dem »Experten« bzw. der »Expertin« mit Vorwürfen und Anschuldigungen konfrontiert zu werden. Sie fürchten, »Fehler« gemacht zu haben und für diese zur Rechenschaft gezogen zu werden.

Diese Sorge ist nachvollziehbar, aber überflüssig. Denn erstens geht es nicht darum, einen Schuldigen zu suchen. Und zweitens gibt es »Fehler« in der Erziehung im eigentlichen Sinne nicht.

Wie ist das gemeint? Wir systemischen Familientherapeutinnen und -therapeuten gehen davon aus, dass jedes Verhalten individuell und systemimmanent motiviert ist und wiederum bestimmte andere Verhaltensweisen auslöst. Die Frage, wer wann womit angefangen hat, ist dabei etwa so hilfreich wie die Frage nach der Henne und dem Ei. Viele menschliche

Verhaltensweisen, die man normalerweise für »sinnlos« oder »krankhaft« hält, werden verständlich, wenn man sich überlegt, welche Funktion dieses Verhalten für die einzelne Person und das System hat. So kann ein dauerhaft kränkelndes Kind beispielsweise die Funktion übernehmen, die zerstrittenen Eltern zusammenzuhalten. Oder ein hochprovokativer Junge sorgt dafür, dass der Vater stärkere Präsenz in der Familie zeigt.

Um Missverständnissen vorzubeugen: Diese Verhaltensweisen werden nicht bewusst und schon gar nicht bewusst manipulativ eingesetzt, sondern sie folgen einem unbewussten Muster, fast immer aus einer inneren Not heraus. Trotzdem sind es keine unnützen oder pathologischen Verhaltensweisen, sondern sie sind auf ihre Weise hilfreich und sinnvoll für das System.

Die Angst, etwas falsch zu machen, ist also überflüssig. Und sie kann zudem hinderlich im Umgang mit den Kindern sein: So gibt es Mütter, die sich nicht trauen, klare Ansagen zu machen, weil sie fürchten, zu autoritär zu wirken. In Wirklichkeit vermeiden sie damit nur eine ernsthafte Auseinandersetzung. Manche Väter ziehen sich aus der Erziehung zurück, weil sie meinen, die Mutter könne das ohnehin alles viel besser, sie würden ohnehin nicht gebraucht. In der Regel beruht das aber auch auf einem Mangel an Selbstwertgefühl: Viele Männer können sich schlicht nicht vorstellen, wie bedeutsam sie für ihre Kinder und deren Entwicklung sind.

Jugendliche brauchen keine stets diplomatisch und pädagogisch wertvoll handelnden Eltern. Sondern Eltern, die ein klar konturiertes Gegenüber sein können; Eltern, die auch mal selbstkritisch sind und sich streiten können; Eltern, die den Kindern zu Übungszwecken als Sparringspartner zur Verfügung stehen. *Kurzum: Sie brauchen authentische Eltern!*

Was jedoch zeichnet authentisch wirkende Menschen aus?

- *Menschen, die als authentisch erlebt werden, wirken glaub- und vertrauenswürdig.* Das liegt daran, dass das, was sie zum Ausdruck bringen, mit ihrer Überzeugung übereinstimmt.

- *Authentisch wirkende Menschen bemühen sich um Wahrhaftigkeit:* Sie versuchen, klare Aussagen zu treffen und möglichst aufrichtig zu sein – vor allem sich selbst gegenüber. Je besser sich jemand kennt, desto eher wird ihm das gelingen.

- *Authentisch wirkende Menschen wissen recht gut um ihre Gefühle und können diese oft auch benennen.* Sie reden nicht viel um den heißen Brei herum und sind auch in der Lage, weniger angenehme Gefühle zuzulassen.

- *Authentisch wirkende Eltern agieren nicht nur in ihrer Rolle als Vater oder Mutter, sondern als Person mit eigenen Gefühlen, Erwartungen und Wünschen.* Die Beziehung zum Kind wird dadurch inniger, offener und tiefer.

Einfach »aus dem Bauch heraus«? Drei Irrtümer über »Authentizität«

Klären wir zunächst, was Authentizität *nicht* bedeutet. Denn um den Begriff der Authentizität ranken sich viele Missverständnisse.

1. *Authentisch zu sein heißt nicht, immer seinen ersten Impulsen zu folgen.* Viele Menschen halten sich für authentisch, wenn sie immer impulsiv »aus dem Bauch heraus« agieren. Das kann zwar manchmal ehrlich sein, ist aber nicht unbedingt authentisch. Da unsere Intuition oft von eigenen Erfahrungen und erlernten Verhaltensmustern geprägt ist, ist sie nicht wirklich »pur«. Auch sind unsere Reaktionen stark von unserer eigenen Erziehung geprägt und von unkritisch übernommenen moralischen Ansprüchen überlagert. Auch unsere wunden Punkte werden oft getriggert, so dass eine erste, überschäumende Reaktion häufig viel mehr mit Abwehr zu tun hat als mit Authentizität.

2. *Authentisch zu sein heißt nicht, die Haltung »Ich bin halt so, da kann ich nichts machen« einzunehmen.* Manche Menschen halten sich für authentisch, wenn sie ihre Verhaltensweisen damit rechtfertigen, »eben so zu sein« und deshalb »nicht anders handeln zu können«. Das ist eher eine Ausrede oder Rechtfertigung für das eigene Handeln als ein Zeichen von Authentizität. Oft wird diese Erklärung auch dazu benutzt, um einfach unreflektiert immer alles weiter so zu machen, wie man es immer schon gemacht hat. Das wiederum ist eher Bequemlichkeit und ein Vorwand, um sich nicht weiterzuentwickeln. Ein Mensch, der wirklich authentisch sein möchte, wird sein Verhalten immer mal wieder überprüfen: Woher kommt das, dass ich so reagiere? Ist dieses Verhalten hilfreich? Was sagt es über mich aus? Etc.

3. *Authentisch zu sein heißt nicht, immer klar, offen und eindeutig sein zu müssen.* Authentisch zu sein bedeutet auch nicht, immer seine Gefühle zeigen zu müssen oder eine klare souveräne Position einnehmen zu können. Im Gegenteil: Ein sich authentisch verhaltender Mensch wird kein Problem damit haben zu sagen: *»Das berührt mich, aber ich möchte jetzt darüber nicht sprechen.«* Oder: *»Jetzt bin ich verwirrt und weiß*

nicht mehr weiter.« Weniger authentisch wirkt jemand, der innerlich verunsichert ist, aber nach außen so tut, als habe er alles im Griff. Besonders Jugendliche reagieren auf solche Widersprüchlichkeiten heftig. Manchmal auch aggressiv.

Einfach ich. Oder: Wie geht »authentisch sein«?

Insbesondere für Jugendliche sind Eltern, die sich um Authentizität bemühen, ein Geschenk, weil

- es sich mit authentischen Menschen leichter streiten lässt,
- sie insgesamt abgegrenzter und weniger verwickelnd sind,
- der Jugendliche sich selbst besser abgrenzen und sich leichter emotional abkoppeln kann (*»Ich bin ich und du bist du«*).

Es lohnt sich also, an der eigenen Authentizität zu arbeiten. Folgende Aspekte könnten dabei hilfreich sein:

1. *Gehen Sie mit Ihren Gefühlen in Kontakt, statt sie zu verdrängen.*
Kinder lösen bei ihren Eltern viele verschiedene Gefühle aus. Manche Gefühle mögen wir, vor allem diejenigen, die uns erfreuen oder bestätigen. Andere Gefühle wiederum finden wir unangenehm, z. B. wenn wir uns verunsichert fühlen, verwirrt oder traurig sind. Viele sprechen dann von »negativen« Gefühlen. Ich halte diesen Ausdruck für unglücklich, denn warum sollten diese Gefühle »negativ« sein? Sie haben ihre Ursache und ihre Berechtigung. Und sie wollen wahrgenommen werden.

Allerdings ist das gerade das Problem: Unangenehme Gefühle wollen wir in der Regel nicht so gerne spüren. Das ist verständlich. Dennoch ist es sinnvoll, sich hin und wieder ganz bewusst mit diesen Gefühlen zu beschäftigen, die man eigentlich nicht haben möchte, vor allem, wenn sie regelmäßig wiederkehren.

In der Konfrontation mit Heranwachsenden werden Eltern zum Beispiel recht oft wütend. Eltern sollten sich dann fragen:

– Was *genau* macht mich wütend?

– Was muss mein Kind tun, um mich auf die Palme zu bringen?

– Liegt hinter der Wut eine Traurigkeit?

– Oder ist es meine eigene Hilflosigkeit, die mich so ärgert?

Es lohnt sich jedenfalls, die eigenen Gefühle einer Art Inspektion zu unterziehen. Wer seine Gefühle manchmal unter die Lupe nimmt, kann sie ggf. besser einordnen und steuern. Er fühlt sich dann in ähnlichen Situationen seinen Gefühlen nicht mehr so hilflos ausgeliefert.

2. *Ertragen Sie die Gefühle Ihres Kindes.*
Das hört sich leicht an, ist aber manchmal durchaus schwierig. Zumindest dann, wenn das Kind Kummer hat, frustriert oder wütend ist. Ein Kind hat aber ein Recht auf seine Gefühle. Und kein Elternteil sollte ihm seine Gefühle wegreden oder sie kleinmachen. Es geht auch hier um Annahme: *»Ja, mein Kind ist wütend/traurig/verzweifelt.«* Geben Sie nicht der Versuchung nach, diese Gefühle ausschließlich auf die Pubertät oder gar die Hormone zu schieben. Nehmen Sie Ihr Kind einfach an, wie es gerade ist. Das ist das Beste, was Sie tun können.

3. *Versuchen Sie die Gefühle Ihres Sohnes oder Ihrer Tochter nicht mit Ihren eigenen zu vermischen.*
Auch das hört sich leichter an, als es ist. Es ist wichtig, die eigenen Gefühle von denen des Kindes zu trennen, damit der Jugendliche genug emotionalen Freiraum bekommt. Wenn ein Heranwachsender immer fürchten muss, dass die Mutter traurig wird, wenn er selbst mal nicht so gut drauf ist, wird er sich das Traurigsein dann lieber verkneifen oder zumindest nicht mehr zeigen.
Kinder lösen bei ihren Eltern auch oft genau die Gefühle aus, mit denen sie selbst gerade viel zu tun haben. Wenn Sie sich also im Umgang mit Ihrem Teenager oft hilflos fühlen, kann es sein, dass sich Ihr Kind auch gerade öfter hilflos fühlt. Wenn Ihr Kind Sie wütend macht, könnte es sein, dass es auch oft wütend ist. Und wenn Sie traurig reagieren, könnte es sein, dass Ihr Jugendlicher auch gerade eine traurige Grundstimmung hat. Prüfen Sie also hin und wieder, welche Gefühle Ihrer Kinder Sie gerade »erspüren« und welche Gefühle Ihre eigenen sind.

4. *Setzen Sie sich mit den eigenen Reaktionsmustern auseinander.*
Wir alle neigen dazu, auf bestimmte Verhaltensweisen anderer Menschen nach einem gewissen Schema zu reagieren, z. B. reagieren wir auf Personen, die uns unhöflich begegnen, auch oft unhöflich. Oder ein bestimmtes Wort, eine bestimmte Geste oder ein Blick unseres Teenagers entlockt uns nahezu reflexhaft eine Schimpftirade.
Prüfen Sie:
– Welche Verhaltens- und Reaktionsmuster sind typisch für Sie?
– Welche davon würden Sie gerne mal näher anschauen oder sogar verändern?
– Was genau passiert, wenn Sie in dieses Muster fallen?

Besonders im Kontakt mit Jugendlichen sollten wir versuchen, an uns selbst zu arbeiten, statt immer vom Jugendlichen ein »besseres« Verhalten einzufordern. Hier sind Eltern auch in ihrer Funktion als Vorbild wichtig: Wenn Sie sich veränderungswillig und lösungskreativ zeigen, ist das für die Eltern-Kind-Beziehung sehr förderlich.

5. *Versuchen Sie, die eigenen »Schwächen« und wunden Punkte kennenzulernen.*
Wenn Sie sich um Authentizität bemühen wollen, geht das nicht ganz ohne Selbstreflexion. Deshalb sollten sich Eltern auch mit ihren eigenen wunden Punkten beschäftigen. Wunde Punkte sind Empfindlichkeiten, deren Ursprünge in der eigenen Vergangenheit, oft auch der Kindheit liegen. Überlegen Sie also, auf welche Verhaltensweisen Ihres Teenagers Sie innerlich besonders heftig reagieren. Prüfen Sie, woher diese gesteigerte Empfindlichkeit kommt: Was daran provoziert oder kränkt Sie?
Hierzu ein Beispiel:

Lilly (13) warf ihrer Mutter vor, sich zu wenig für sie zu interessieren und sich zu wenig um sie zu kümmern. Lillys Mutter fand diese Vorwürfe ungerecht, weil sie ganztägig arbeitete, abends oft sehr erschöpft war und sich ihrer Ansicht nach viel Zeit für Lilly nahm, vor allem auch am Wochenende. Lillys Vorwürfe machten sie sehr wütend, aber auch traurig.

Nach genauerer Betrachtung stellte sich heraus, dass Lillys Mutter schon in ihrer Kindheit ein schlechtes Gewissen hatte, wenn sie sich zu wenig um andere kümmerte, etwa um ihre Mutter. Sie hatte schon früh gelernt, dass sie für andere da sein und nicht so egoistisch sein sollte. Und obwohl Lillys Mutter sich Mühe gab, auch für ihre Tochter da zu sein, beschwerte sich Lilly. Sie traf damit einen wunden Punkt. Lillys Mutter beschäftigte sich eine Weile mit dem Gefühl, immer nicht »gut genug« zu sein und lernte dann, mit den Vorwürfen der Tochter anders umzugehen.

6. *Machen Sie sich klar, dass Ihr Kind nicht schuld an Ihren Gefühlen ist!*
Auch wenn Ihr Teenager bei Ihnen heftige Gefühle hervorruft, so ist er doch nicht schuld daran, wie Sie sich fühlen. Hört sich das für Sie ungewöhnlich an? Ist aber so.
Wir sind für unsere Gefühle und Stimmungen selbst verantwortlich. Das heißt nicht, dass wir sie uns immer aussuchen oder steuern kön-

nen. Wir können unsere Kinder aber nicht dafür verantwortlich machen, wenn wir uns schlecht, inkompetent oder einfach mies fühlen. Und schon gar nicht ist ein Kind schuld daran, wenn Erwachsene mit ihren Gefühlen nicht adäquat umgehen können und verbal aggressiv werden oder sogar zuschlagen.

Auch deshalb sollten Eltern immer wieder prüfen:
– Was löst mein Kind in mir aus?
– Was hat das mit mir und meiner Geschichte zu tun?
– An welche Themen rührt mein Kind?
– Was ist sein Anteil an dem Konflikt, was ist meiner? Beispiel: Es wirft mir etwas vor (= Anteil des Kindes) und ich reagiere heftig, weil es da einen wunden Punkt trifft (= eigener Anteil).

7. **Bemühen Sie sich um Aufrichtigkeit – sich selbst und dem Jugendlichen gegenüber!**
Zu einer Aufrichtigkeit sich selbst gegenüber gehört etwa die prinzipielle Bereitschaft, sich mit sich selbst auseinanderzusetzen, die eigene Geschichte nicht zu verdrängen oder zu idealisieren, sein Verhalten mal kritisch zu hinterfragen – kurzum: Sich selbst gegenüber aufrichtig zu sein, kann schon mal schmerzen, z. B. wenn man sich eingestehen muss, doch manchmal nicht die friedliche und gutmütige Mutter sein zu können, die man eigentlich sein möchte. Oder wenn man merkt, dass man gar nicht genau weiß, was einen an dem Sohn oder der Tochter so aufregt. Auch unangenehm kann es sein, sich seine aggressiven Impulse anzuschauen.
Aufrichtig zu sein heißt auch nicht, immer alles gleich zu sagen, weil man ja »ehrlich« sein will. Besonders wenn diese »Wahrheit« jemanden verletzen könnte, sollte man sich überlegen, ob man damit rausrückt oder nicht. Vermeintliche Ehrlichkeit ist kein Freifahrtschein für Kränkungen anderer Personen (»*Ich bin ja nur ehrlich!*«).

8. **In welchen Situationen, bei welchen Themen kommen Sie ins Rotieren?**
Oder anders gefragt: Wann merken Sie, dass Sie nicht mehr »authentisch« sind? Meistens kommen wir emotional unter Druck, wenn wir uns gestresst fühlen. Dann reagieren wir oft überempfindlich und fallen in alte Verhaltensmuster, und mit der Authentizität ist es rasch vorbei. Selbst wenn wir schon an uns gearbeitet haben, kommen solche »Rückfälle« vor. Versuchen Sie herauszufinden, wo Ihr neuralgischer Punkt liegt: Welche Themen verunsichern Sie so stark, dass Sie nicht mehr »bei sich selbst« bleiben können? Manchmal hilft es, sich diese Themen nochmals etwas gründlicher anzuschauen.

9. *Setzen Sie sich mit Ihrer eigenen »Pubertät« auseinander.*
Jugendliche lösen viele Gefühle in uns aus. Manchmal leiden wir mit ihnen, sorgen uns um sie, manchmal werden wir wütend oder traurig. All diese Gefühle sollten hin und wieder auf ihren Ursprung hin überprüft werden. Muss ich mir wirklich Sorgen machen? Geht es meinem Kind wirklich schlecht oder projiziere ich eigene, alte Gefühle in mein Kind hinein?
Beispiel:

Frau M. sitzt bei einer Psychotherapeutin und erzählt, sie habe so Angst, dass sich ihre 14-jährige Tochter Nina das Leben nehmen könnte. Auf Nachfragen zeigt sich, dass Nina keine Anzeichen von Suizidalität zeigt, aber durchaus manchmal leicht depressive Züge hat. Als die Psychotherapeutin fragt, wie es ihr selbst als 14-Jähriger ergangen sei, bricht Frau M. in Tränen aus. Sie habe sich so einsam gefühlt und oft an Selbstmord gedacht, allerdings niemals einen Selbstmordversuch unternommen. In der Therapie bearbeitete Frau M. ihren jugendlichen Kummer und konnte nun klarer sehen: Ihre Sorge um Nina war nur zum Teil berechtigt. Sie hatte ihren eigenen unverarbeiteten Schmerz auf ihre Tochter projiziert. Sie war nun beruhigter. Als Nebeneffekt dieses therapeutischen Prozesses konnte Frau M. Nina nun auch wieder klarer begegnen: Ihr Blick war nicht mehr von eigenen verdrängten Gefühlen getrübt.

10. *Prüfen Sie die Gesprächskultur in Ihrer Familie*
Gerade Jugendliche wollen ein authentisches Gegenüber, mit dem sie sich auseinandersetzen und streiten können. Mit einem Elternteil, der immer nur perfekt die Rolle als Mutter oder Vater ausfüllt, aber nichts Persönliches von sich zeigt, ist das schwer möglich. Deshalb sollten Eltern auch mal überlegen:
– Erzähle ich eigentlich auch mal was von mir?
– Gebe ich auch mal etwas preis, worauf ich nicht unbedingt stolz bin?
– Kann ich auch Fehler eingestehen?
– Zeige ich meinem Sohn, meiner Tochter auch mal, was in mir so vorgeht?

Um Missverständnissen vorzubeugen: Eltern sollten ihren Teenagern nicht ständig ihr Herz ausschütten. Auch sollten sie keinesfalls psychologische Hilfe von ihnen einfordern – Kinder sind keine guten Freunde und schon gar kein Therapeutenersatz! Es geht mehr darum, sich einfach als ganz normaler Mensch zu zeigen, mit all seinen Schwächen und Unzulänglichkeiten. So mancher Vater kann in einem ernsthaften Gespräch mit seinem jugendlichen Sohn punkten, wenn er ihm mal erzählt, wie er sich in seiner eigenen Pubertät gefühlt hat und welche Unternehmungen er im Nachhinein bereut. Auch wenn Mama mal von ihrem ersten Liebeskummer erzählt, kann das für die Tochter durchaus hilfreich sein. Eine gewisse Portion Offenheit stärkt natürlich auch die Beziehung.

Übrigens: Nehmen Sie sich bloß nicht vor, immer authentisch sein zu wollen. Das ist ein unrealistischer Anspruch, der wiederum nur inneren Druck produziert. Schulen Sie einfach Ihre Aufmerksamkeit für sich und Ihr Verhalten – das ist schon ein prima Anfang!

Das Wesentliche sehen: Achtsamkeit ist heilsam

Besonders in hektischen Phasen unseres Lebens oder wenn wir stark gefordert sind, geht uns der Blick für das Wesentliche verloren. Entweder wir funktionieren nur noch, um den komplexen Alltag mit Job, Haushalt und Kindern irgendwie gewuppt zu bekommen. Oder wir verlieren uns in ineffektiven Endlosdiskussionen und stecken uns gegenseitig mit schlechter Laune an. Um aus diesem Schlamassel wieder herauszufinden, um sich wieder auf das wirklich Wichtige im Leben zu konzentrieren, hat sich das Prinzip der Achtsamkeit bewährt.

Achtsam zu sein heißt,
- sich (wieder?) bewusst auf den jeweiligen Moment zu konzentrieren,
- sich bewusst zu spüren,
- Situationen gelassen zur Kenntnis zu nehmen, ohne sofort etwas ändern zu wollen,
- andere Menschen bewusst wahrzunehmen, ohne sie zu beurteilen,
- nicht im Gestern, nicht im Morgen, sondern ganz im Hier und Jetzt zu sein.

Achtsamkeit ist kein Mittel zum Zweck, das man etwa einsetzt, um Konflikte mit den Kindern zu entschärfen. Achtsamkeit ist vielmehr eine Lebenshaltung, die man sich erarbeiten muss. Die wichtigste Voraussetzung dafür ist die Bereitschaft, sich selbst, anderen Personen und

Situationen gegenüber aufgeschlossen zu sein und von Beurteilungen abzusehen. Und das ist vermutlich das Schwierigste daran: Denn wir sind darin geschult, eine Begebenheit rasch in »schön« oder »nicht schön«, »gut« oder »schlecht« einzuteilen und sie zu bewerten. Auch Personen und ihr Verhalten unterziehen wir in Sekundenschnelle einem Urteil, und darin sind wir oft recht ungnädig. Auch uns selber gegenüber sind wir oft zu hart: Auch Selbstachtsamkeit kann sehr heilsam sein.

Achtsamkeit ist auch kein Allheilmittel bei Problemen, aber sie kann dazu beitragen, neue Perspektiven einzunehmen und das Leben gelassener und freundlicher zu betrachten. Das kann insbesondere in der Pubertät der Kinder für mehr Klarheit und Ruhe in der Familie sorgen. Wenn Sie interessiert sind, sich in der Kunst der Achtsamkeit zu üben, können Sie sich im Handel entsprechendes hilfreiches Material besorgen, etwa die CD »Stressbewältigung durch die Praxis der Achtsamkeit« oder »Achtsamkeit und Meditation im täglichen Leben« von Jon Kabat-Zinn.[9] Wenn Sie aber erst einmal mit ein paar einfachen kleinen Übungen anfangen wollen, können folgende Tipps hilfreich sein:

1. *Konzentrieren Sie sich täglich ein paar Minuten lang nur auf sich selbst, Ihren Körper und Ihren Atem.* Spüren Sie genau hin. Bewerten Sie nichts. Nehmen Sie nur wahr, was passiert.
Möglicherweise werden Sie rasch nervös, oder es kommen Gedanken, die Sie stören. Das ist am Anfang normal. Werden Sie nicht ungeduldig. Lassen Sie die Gedanken vorbeiziehen und richten Sie Ihre Aufmerksamkeit immer wieder auf Ihren Körper und Ihren Atem. Diese kleine Übung schult die Körperwahrnehmung.

2. *Versuchen Sie, bestimmte Situationen einfach zur Kenntnis zu nehmen und sie nicht zu bewerten:* Ein Nachbar grüßt nicht? Ihre Tochter hat wieder mal ihre Haare im Waschbecken verstreut? Der Postbote bringt eine Mahnung? Ja, dann ist das jetzt so. Es ist, wie es ist. Nehmen Sie es zur Kenntnis. Je öfter Ihnen das gelingt, desto weniger werden Sie sich über »Kleinigkeiten« aufregen müssen.

3. *Genießen Sie den Alltag mit allen Sinnen:* Nehmen Sie sich bewusst vor, mal genauer »hinzuriechen«, etwa am Kaffee zu schnuppern oder an Blumen. Genießen Sie die frische Luft und atmen Sie bewusst tief ein und aus. Achten Sie auch auf Geräusche, etwa von Vögeln oder vom Wind. Genießen Sie Ihr Essen bewusst, und fassen Sie Dinge an, die Sie mögen: Steine etwa oder Baumstämme. Ihr Gehirn wird begeistert sein, denn es reagiert auf angenehme Sinneseindrücke immer mit einer kleiner Portion Glückshormonausschüttung.

4. *Versuchen Sie, Ihr Kind einmal mit mehr Abstand zu betrachten,* so als wären Sie eine Tante oder eine Bekannte: Wie sehen Sie dieses Kind dann? Verändert sich Ihre Wahrnehmung? Was gefällt Ihnen an diesem Teenager? Was finden Sie lustig? Was macht diesen Jugendlichen aus? Was ist das Besondere an ihm? Eltern sind ihren Kindern oft sehr nah und können daher nur einen Teil dieser Person wahrnehmen. Es ist oft, als wenn man zu dicht vor einem Gemälde steht und deshalb zwar vielleicht einige Details gut sehen, aber das Kunstwerk als Ganzes nicht erkennen kann. Dann hilft es auch, einige Schritte zurückzutreten und das gesamte Kunstwerk »Kind« aus einer gewissen Entfernung zu betrachten.

5. *Fühlen Sie sich hin und wieder in Ihr Kind ein:* Wie geht es ihm gerade? Was beschäftigt es? Was macht ihm Spaß? Wie fühlt es sich in seinem Körper? Was braucht es gerade? Dazu braucht es ein bisschen Übung und eine ganze Menge Einfühlungsvermögen. Aber auch das können Sie schulen, indem Sie es einfach immer wieder versuchen.

6. *Bleiben Sie in Konfliktsituationen achtsam.*
   Auch wenn das besonders schwierig ist, so ist es doch immer wieder einen Versuch wert: Gehen Sie davon aus, dass Sie in dem Konflikt nichts klären müssen, sondern achten Sie einfach mal bewusst darauf, was passiert. Nehmen Sie sich zum Beispiel vor, einfach mal auf Ihre körperlichen Reaktionen zu achten, statt Vorwürfe zu machen. Reflektieren Sie im Nachhinein: Was war anders?

7. *Konzentrieren Sie sich auf das Wesentliche.*
   Wenn es Probleme in der Familie gibt, die nicht schnell zu lösen sind, dann ist es oft wichtig, sich auf den nächsten anstehenden Schritt zu konzentrieren. Fragen Sie sich also besonders in Überforderungssituationen:
   – Worum geht es *genau?*
   – Was ist im Moment wichtig?
   – Was kann ich tun, um die Situation zu entschärfen?

8. *Bleiben Sie bei Streitereien im Hier und Jetzt.*
   Auch wenn es nicht immer leicht ist: Konzentrieren Sie sich bei Konflikten mit Ihrem Kind auf die aktuelle Situation. Vernachlässigen Sie bewusst vorangegangene Streitsituationen. Vermeiden Sie Sätze wie: »*Das sagst du immer, und dann machst du es doch nicht!*« oder: »*Immer kommst du zu spät!*«. Versuchen Sie den aktuellen Streit für dieses Mal und jetzt zu klären, nicht ein für alle Mal. Das liefert nur neuen Zündstoff und Stress.

9. *Üben Sie sich öfter mal in Selbstachtsamkeit.*
Fragen Sie sich ab und an:
– Wie geht es mir gerade in meinem Leben?
– Was beschäftigt mich – abgesehen von der Pubertät meines Kindes?
– Wo sind meine eigenen Baustellen?
– Was brauche ich?

Weil die pubertierenden Kinder uns häufig emotional stark fordern, sind wir manchmal geneigt, uns selbst zu vernachlässigen. Das geht auf die Dauer an die Substanz. Achten Sie also auf sich, Ihre Gefühle und Bedürfnisse. Und sorgen Sie dafür, dass es Ihnen so gut wie möglich geht.

Übrigens: Dass regelmäßiges und konsequentes Üben von Achtsamkeit hilfreich ist, um Stress abzubauen, ist mittlerweile wissenschaftlich belegt.

Güte und Geduld: Altmodische Tugenden dringend benötigt

Der Begriff der Güte ist bei uns leider etwas aus der Mode gekommen. Das ist schade, denn Güte ist etwas Wundervolles, vor allem im Umgang mit Kindern und Jugendlichen. Unter Güte versteht man (laut Duden) eine »freundlich-nachsichtige Einstellung gegenüber jemandem«. Gütig mit sich und anderen zu sein heißt nicht, unkritisch zu sein oder einfach alles hinzunehmen. Es bedeutet vielmehr, einem Menschen keine bösen Absichten zu unterstellen und ihm prinzipiell mit Nachsicht und Verständnis zu begegnen.

Schnell und hart über andere zu urteilen, fällt vielen von uns leichter, als Verständnis oder gar Empathie für jemanden zu entwickeln, dessen Verhalten wir ablehnen. Denn jemand, der sich anders verhält als wir mögen, bestätigt uns nicht. Da wir aber alle sehr auf Bestätigung angewiesen sind, bejahen wir alles, was uns guttut und unsere Werte unterstützt. Wer uns bebauchpinselt, wird von uns eher gemocht als jemand, der uns kritisiert oder einfach eine ganz andere Meinung vertritt.

Dabei öffnen uns gerade unsere Kritiker die Augen. Sie bieten uns Möglichkeiten, an uns zu arbeiten, uns weiterzuentwickeln. Wer immer nur bestätigt werden will und keine Kritik zulässt, wird wenig über sich und die Welt dazulernen.

Wer anderen hingegen mit Güte begegnen kann, zeigt ein hohes Maß an Souveränität. Die hat man mal mehr und mal weniger. Aber es ist durchaus möglich, an der eigenen Haltung so zu arbeiten, dass man »gütiger« wird. Jugendlichen gegenüber gütig zu sein, heißt insbesondere:

- ihnen keine bösen Absichten zu unterstellen (»*Vielleicht hat er sich angegriffen gefühlt*« statt »*Das macht der nur, um mich zu ärgern!*«),
- ihr Verhalten als Ausdruck ihrer Befindlichkeit zu betrachten (»*Vielleicht ist sie heute traurig.*«),
- ihr Verhalten verstehen zu wollen, statt es zu verurteilen (»*Ich habe den Eindruck, dass es dir heute nicht so gut geht, oder?*« statt »*Reiß dich doch mal ein bisschen zusammen, so ein Verhalten gehört sich nicht!*«),
- ihnen mit einer Art inneren Freundlichkeit zu begegnen (»*Ich gehe davon aus, dass mein Kind gerade in einer schwierigen Phase ist und ich begleite es liebevoll auf seinem Weg.*«),
- ihnen zuzugestehen, die alterstypischen »Fehler« zu begehen,
- ihnen »Fehler« zu verzeihen,
- ihnen neue Chancen zu geben, etwas anders, »besser« zu machen als beim letzten Mal.

Gütig zu sein ist leicht, wenn uns das Kind emotional nahesteht und sich »pflegeleicht« zeigt. Güte auch dann walten zu lassen, wenn es uns in Frage stellt oder sich widerspenstig zeigt, ist da schon weit schwieriger. Gütig zu sein ist eine innere Haltung, an der man arbeiten kann. Niemand wird immer und ausschließlich gütig sein können; das ist auch gar nicht erstrebenswert. Eltern sind auch nur Menschen, auch sie haben Aggressionen und Empfindlichkeiten. Aber es lohnt sich, an dieser liebevollen und zugewandten Lebenshaltung zu arbeiten, damit die Kinder sich freundlich begleitet fühlen. Das gibt Halt und stärkt die Selbstliebe.

- Prüfen Sie also, wann es Ihnen ganz leichtfällt, Verständnis und Güte zu entwickeln. Und in welchen Situationen und bei welchen Menschen fällt Ihnen das schwer?
- Kennen Sie selbst das Gefühl, mit Güte behandelt zu werden? Wie fühlt sich das an?
- Wer hat sich Ihnen gegenüber gütig gezeigt? Wie war das und was hat Ihnen das bedeutet?
- Was wäre anders, wenn Sie sich selbst und anderen gegenüber etwas gütiger sein könnten? Was würde sich Ihrer Ansicht nach in Ihrem Familienleben verändern?

Wenn Kinder und Jugendliche gütige Erwachsene um sich haben, dann erleben sie die Welt als zugewandt und freundlich. Sie können sich dann selbst Fehler gestatten, ohne sich dafür zu verurteilen.

Der Weg ist das Ziel: Geduldig sein

Auch Geduld ist eine Tugend, die man im Umgang mit Jugendlichen beherrschen sollte. Geduld ist die Fähigkeit, relativ entspannt auf etwas warten zu können. In der Erziehung kann es dabei um einen ersehnten Entwicklungsschritt des Kindes gehen: So warten Eltern oft sehr geduldig darauf, dass ihr Baby endlich durchschlafen kann. Sie verstehen in der Regel, dass es noch stark auf Körpernähe angewiesen ist und seinen Tag-und-Nacht-Rhythmus erst finden muss. Außerdem kann es anfangs noch nicht so lange ohne Nahrung durchhalten und muss nachts noch gestillt oder gefüttert werden. Eltern werden hier auf eine Geduldsprobe gestellt, da diese Phase nervenzehrend ist – immerhin können sie dadurch selber nicht durchschlafen. Aber auch wenn es sehr anstrengend ist, so sind Eltern bereit, diese Zeit zu überstehen. Eltern wissen sehr genau, dass Babys nachts nicht schreien, um die Eltern zu ärgern, sondern weil sie auf deren Hilfe und Versorgung angewiesen sind. Kein Mensch würde auf die Idee kommen, mit einem Baby zu schimpfen, weil es noch nicht durchschlafen kann.

Einem Jugendlichen hingegen, der beispielsweise aufgrund seiner kognitiven (Un)Reife (noch) nicht in der Lage ist, die Folgen seiner Handlungen einzuschätzen, begegnen Eltern hingegen viel öfter mit Missmut, Unverständnis und Ungeduld. Dabei verhält es sich hier ähnlich: Der Jugendliche muss noch Entwicklungsschritte machen. Diese kann man zwar oft positiv begleiten, aber nicht erzwingen. *Hirnentwicklung und psychische Reifung lassen sich zwar durch Zuwendung und entsprechende Lernangebote unterstützen, aber nur bedingt beschleunigen.* Schon gar nicht durch Schimpfen oder Strafen.

Jugendliche brauchen also die Geduld und Güte der Erwachsenen. Sie fühlen sich dann getragen und ernst genommen. Und: Wie sonst sollten sie selber zu geduldigen und gütigen Menschen heranwachsen? Es lohnt sich also, sich in diesen beiden altmodischen Tugenden zu üben. Folgende Fragen könnten ein Einstieg dazu sein:

- Was macht mich wütend?
- Wann fällt es mir schwer, gütig oder milde zu sein?
- Fälle ich oft harsche Urteile über andere Menschen, auch über mein Kind?

- Warum ist das so? Habe ich selber so schlechte Erfahrungen gemacht? Was habe ich davon, wenn ich andere so verurteile?
- Gehe ich mit mir selbst auch so hart ins Gericht?
- Was würde sich verändern, wenn ich milder und gütiger mit mir selbst umginge?
- Was genau raubt mir die Geduld? Was muss mein Kind tun, damit ich die Geduld verliere?
- Was könnte ich tun, um geduldiger zu werden?
- Hilfreich könnten z. B. Yoga-, Achtsamkeits- und Entspannungsübungen sein. Wenn man sehr bedrückende oder gar traumatisierende Erfahrungen gemacht hat und anderen Menschen gegenüber verständlicherweise sehr misstrauisch geworden ist, kann man mithilfe einer Psychotherapie versuchen, wieder Vertrauen zu entwickeln und die innere Stärke zu spüren.

Wichtig ist natürlich auch, einigermaßen zufrieden mit seinem eigenen Leben zu sein. Wer ständig unglücklich mit sich und seiner Lebenssituation ist, dem wird es logischerweise auch schwerer fallen, eine positive und freundliche Weltsicht zu entwickeln.

Mit Enttäuschungen umgehen

Manche Eltern sind enttäuscht, wenn ihre Jugendlichen sich anders entwickeln, als sie sich das vorgestellt hatten. Da träumen Eltern von einem hochmusikalischen Kind, und das interessiert sich für Instrumente nicht die Bohne. Oder es würde Papa glücklich machen, eine Sportskanone als Sohn zu haben, dieser aber hängt lieber vor dem PC oder liest Bücher. Enttäuscht mag auch Mama von dem Mädchen sein, das auf keinen Fall Ärztin werden will, sondern lieber einen Ausbildungsberuf wählen möchte.

Dass Eltern enttäuscht sind, wenn ihre Kinder sich in eine andere als die erhoffte Richtung entwickeln, ist verständlich. Trotzdem sollten sich Eltern immer wieder klarmachen, dass Kinder und Jugendliche nicht dazu da sind, um sie glücklich oder stolz zu machen. Wenn das passiert – quasi nebenbei –, dann ist das natürlich wundervoll. *Es ist aber nicht die vordringliche Aufgabe des heranwachsenden Kindes, die Wünsche und Bedürfnisse der Eltern zu erfüllen.*

Deshalb sollten Eltern prinzipiell dazu bereit sein, sich enttäuschen zu lassen. Wenn Kinder in der Pubertät entscheiden, ab jetzt kein Instrument mehr zu spielen, so ist das manchmal schmerzhaft, aber zu akzeptieren. Mit Zwang lässt sich hier kaum etwas erreichen. Auch wenn die beruflichen Interessen sich in eine ganz andere Richtung bewegen, der Sohn zum Beispiel Erzieher werden will, während wir ihn in unseren Elternfantasien schon als erfolgreichen Juristen in seiner Rechtsanwaltskanzlei wähnen, müssen wir umdenken. Das ist manchmal nicht leicht, und möglicherweise dauert es eine Weile, bis wir uns mit dem Gedanken vertraut gemacht und versöhnt haben, dass unser Jugendlicher einen ganz anderen Weg einschlägt.

Auch wenn ein Kind merkt, dass es homosexuell ist, fallen manche Eltern noch aus allen Wolken. Auch hier gilt: Umdenken, an das Glück des Kindes denken, von den eigenen Vorstellungen loslassen. Nicht immer gelingt das sofort, aber darum bemühen sollte man sich auf jeden Fall. Jugendliche müssen ihren eigenen Weg finden, und wir tun ihnen keinen Gefallen, wenn wir ihnen Steine in denselben legen.

»Fehler« gestatten und verzeihen können

Jugendliche müssen naturgemäß herumexperimentieren und dabei Mist bauen. Teenager wären keine Teenager, wenn sie nicht mal gegen den Strom schwimmen oder dummes Zeug anstellen würden. Hier ist wieder die Geduld der Eltern gefordert. Und ihre Bereitschaft, nicht aus jeder Maus einen Elefanten zu machen. Mal »Fehler« machen, die falschen Entscheidungen treffen, über die Stränge schlagen – all das sollten Eltern ihren pubertierenden Kindern innerlich erlauben. Das heißt nicht, dass Eltern tatenlos zusehen müssen oder alles kommentarlos erdulden sollten. Klar gibt es Ärger, wenn das Kind beim Klauen erwischt wurde oder drei Stunden zu spät nach Hause gekommen ist. Jedoch muss es dann auch irgendwann wieder gut sein. Nichts ist für Jugendliche schlimmer, als Eltern, die ihnen das Vertrauen entziehen, nur weil sie ein paar Mal »auf die Kacke gehauen« haben. Teenager brauchen die Gewissheit, dass sie in ein Sicherheitsnetz fallen, wenn sie mal »Mist gebaut« haben. Eltern sollten deshalb immer mal wieder überprüfen, wie sie mit dem »Fehlverhalten« ihres Kindes umgehen wollen.

• Begegnen Sie einem »Fehltritt« Ihres Kindes mit Gelassenheit und Güte. Unterstellen Sie ihm keine grundsätzlich bösen Absichten.

• Bedenken Sie: Ihr Teenager ist ein Lernender. Auch wir machen noch Fehler, und wir üben schon länger! Und dann freuen wir uns auch über Menschen, die nachsichtig mit uns sind und uns nicht verstoßen, sondern weiter zu uns halten, wenn wir sie enttäuscht haben.

- Klären Sie das Geschehene in Ruhe mit Ihrem Sohn oder Ihrer Tochter und lassen Sie es dann los.
- Geben Sie Ihrem Kind eine weitere Chance, sich neu zu beweisen.
- Geben Sie ihm wieder Vertrauensvorschuss: »*Gut, das letzte Mal hat es nicht so gut geklappt, ich gehe davon aus, dass es dieses Mal besser läuft!*«

Humor bewahren

Wenn die Kinder in die Pubertät kommen, vergeht Eltern gelegentlich das Lachen. Kein Wunder, denn sie werden vor neue Herausforderungen gestellt und von ihren Teenagern gerne mal provoziert. Probleme mit Humor nehmen zu können, setzt eine gehörige Portion Souveränität voraus – und diese fehlt uns ja gerade, wenn wir uns in schwierigen Lebensphasen befinden. Oder wenn wir vor neuen Aufgaben stehen, die uns gerade besonders groß zu sein scheinen.

Es nutzt auch nichts, sich zum Lachen zu zwingen, wenn einem so gar nicht danach zumute ist. Das Gegenteil ist der Fall: Je mehr jemand dazu stehen kann, dass ihn etwas überfordert oder ihm etwas Kummer bereitet, desto schneller wird er zu seinem Humor zurückfinden. Insofern hat die Fähigkeit, Probleme mit Humor zu nehmen, auch etwas mit Authentizität und Aufrichtigkeit zu tun. Eine gewisse Großherzigkeit sich selbst und anderen Menschen gegenüber ist hier auch sicher hilfreich.

Humor ist eben, »wenn man trotzdem lacht«. Laut Duden ist Humor die »Gabe eines Menschen, der Unzulänglichkeit der Welt und des Menschen, den Schwierigkeiten und Missgeschicken des Alltags mit heiterer Gelassenheit zu begegnen«. Man könnte Humor also beschreiben als

- die Fähigkeit, etwas, was einem schwierig erscheint, in seiner Bedeutung zu relativieren,
- die Fähigkeit, sich innerlich auf eine gesunde Weise von dem Problem zu distanzieren, und
- die Fähigkeit, sich durch diesen selbst hergestellten inneren gesunden Abstand neue Perspektiven zu eröffnen.

Probleme oder Konflikte humorvoll sehen zu können bedeutet, souveräner zu werden, Abstand zu gewinnen und sich so neue Lösungswege zu ermöglichen.

Humorvoll mit schwierigen Situationen umzugehen heißt hingegen nicht:

- sich über jemanden (etwa das eigene Kind) lustig zu machen. Das wäre Häme oder Spott und ist eher destruktiv,

- das Problem oder den Konflikt »lustig zu finden« und so herunterzuspielen; das wäre eine wenig konstruktive Abwehrhaltung bzw. eine mangelhafte Bereitschaft, sich mit dem Thema ernsthaft zu beschäftigen,
- das Problem oder den Konflikt lächerlich zu machen; das wäre abwertend.

Vom Humor unbedingt zu unterscheiden sind Sarkasmus und Zynismus. Sarkasmus ist beißender Hohn, der einen bitteren Beigeschmack hat. Sarkasmus hat mit wohlwollendem, heilsamem Humor nichts zu tun. Zynismus wiederum ist eher die persönliche Haltung eines Menschen, der verbittert und verächtlich daherkommt. Beides sollte im Umgang mit einem Jugendlichen möglichst keinen Platz haben.

Humor im eigentlichen Sinne ist stets menschenfreundlich, tröstlich und heilsam.

Heute schon gekichert?
10 (unkonventionelle) Tipps für den Alltag mit Teenagern

1. *Lassen Sie sich (manchmal) von den Albernheiten Ihres Teenagers anstecken.*
Gemeinsam zu lachen ist viel wichtiger als Jugendliche zur Ordnung zu ermahnen oder sie zu Schulaufgaben zu überreden. Lachen verbindet, entlastet und ist gesund.
2. *Nehmen Sie ein unordentliches Zimmer einfach zur Kenntnis.*
Regen Sie sich nicht ständig darüber auf. Es lohnt sich nicht.
3. *Fragen Sie ungewöhnliche Fragen.*
Statt »*Welche Zensur hast du in der Mathearbeit bekommen?*« zum Beispiel: »*Was würdest du in deinem Leben gerne verändern?*« oder: »*Was würdest du machen, wenn du morgen im Lotto gewinnen würdest?*« Ist doch viel spannender als die Mathe-Note!
4. *Überraschen Sie Ihren Jugendlichen.*
Schimpfen Sie ab jetzt nicht mehr. (Es bringt sowieso nichts.) Verbieten Sie möglichst wenig. Nehmen Sie schlechte Noten gelassen zur Kenntnis, statt ein betretenes Gesicht zu machen. Machen Sie hin und wieder einfach etwas anders als sonst. Das belebt und kann eine sehr entspannte Wirkung haben.

5. *Kümmern Sie sich mehr um Ihren Partner / Ihre Partnerin als um Ihr pubertierendes Kind*
   Oft brauchen Partner unsere Aufmerksamkeit viel dringender, und der Teenager freut sich über mehr Freiraum.
6. *Erzählen Sie Ihren Kindern gelegentlich mal etwas von sich – zum Beispiel fröhliche »Jugendsünden«!*
   Macht Spaß, verbindet und entlastet die Jugendlichen.
7. *Väter sind oft als körperliche Sparringspartner gefragt.*
   Ob Bolzen, Basteln, Werkeln oder Kämpfen: Viele Jungen mögen das auch in der Pubertät noch. Manche Mädchen auch. Und später geht's dann mal auf ein gemeinsames Bierchen in die Kneipe um die Ecke.
8. Shoppen mit der Tochter kann zwar auch Spaß machen. Doch *wie wäre es mal mit etwas Ausgefallenerem?* Einem Kletterkurs zum Beispiel? Oder einem gemeinsamen Schreibworkshop?
9. *Verblüffen Sie Ihren Jugendlichen mit humorvollen Aktionen.*
   Liegt ein Wäscheberg auf dem Zimmerboden? Prima! Gleich noch ein paar Wäschestücke dazuwerfen!
10. Verfolgen Sie eigene Ziele. *Denken Sie mehr an sich, als mit den Gedanken dauernd um den Teenager zu kreisen.* Sorgen Sie dafür, dass es Ihnen selbst gut geht. Davon profitiert letztlich auch Ihr Kind.

Hilfreich sein
So stärken Sie Ihren Jugendlichen

Wenn Kinder in die Pubertät kommen, sind Eltern auf ganz besondere Weise gefordert. Durch die beschriebenen Stimmungsschwankungen und abwehrenden Verhaltensweisen der Jugendlichen fühlen sich viele Eltern vor den Kopf gestoßen. Dabei hat dieses Verhalten eine wichtige Funktion: Indem Jugendliche signalisieren, dass sie »ihre Ruhe« haben wollen, schaffen sie die nötige Distanz, die sie für die weiteren Entwicklungsschritte brauchen.

Das heißt allerdings nicht, dass der Teenager seine Eltern nicht mehr bräuchte. Im Gegenteil: Er braucht sie sogar ziemlich dringend. Allerdings nicht mehr als fürsorglichen Rundumversorger, sondern als aufmerksamen Begleiter, als mentale Stütze, als *Back-up im Stand-by-Modus*. Das erfordert vom Erwachsenen eine gewisse mentale Reife, die er entweder schon hat oder jetzt entwickeln kann.

Da sein: Die Kunst der elterlichen Präsenz

Nichts ist für einen Jugendlichen wichtiger als eine verlässliche, präsente erwachsene Bezugsperson. Präsent zu sein bedeutet mehr, als einfach anwesend zu sein, das Kind zu versorgen und die täglichen Notwendigkeiten zu erledigen. Präsent zu sein bedeutet insbesondere, *emotional anwesend zu sein*: Dem Jugendlichen hin und wieder zuzuhören, ihm mental den Rücken zu stärken, ihn in seiner jetzigen Befindlichkeit wahr- und vor allem auch anzunehmen.

Emotional präsent zu sein ist leicht, wenn derjenige, für den man da sein möchte, sich stets dankbar und aufgeschlossen zeigt. Das ist bei Kindern oft noch der Fall, von Teenagern aber kaum zu erwarten. Aufgrund ihrer eigenen ambivalenten Situation sind sie oft nicht in der Lage, sich eindeutig zu äußern. Ihr Verhalten wirkt widersprüchlich und changiert zwischen »*Lass mich in Ruhe*« und »*Kümmere dich um mich!*«

Eltern stehen also vor der Aufgabe, für jemanden präsent sein zu müssen, der sich von ihnen nicht immer begeistert zeigen wird. Das bedeutet konkret: *Eltern müssen aufmerksam, offen und präsent für den Jugendlichen bleiben, auch wenn dieser sich kratzbürstig oder nicht gesprächig zeigt.* Keine leichte Aufgabe! Das schaffen Mütter und Väter nicht unentwegt. Das geht nicht und muss auch gar nicht sein. Kein Mensch ist immer verfügbar und emotional anwesend. Manchmal sind wir stark mit uns und unseren eigenen Themen beschäftigt oder schlicht vom Alltagsleben gestresst oder gar überfordert. Ab und zu jedoch sollten sich Eltern wieder daran erinnern, wie prägend die Jugendlichenphase ist. Um das nachzuvollziehen, brauchen sich Eltern nur an ihre eigene Pubertät zu erinnern. Daher sind folgende Aspekte bedenkenswert:

• *Eltern sollten emotional in Vorleistung treten:* Das heißt, sie sind in der Situation, mehr geben zu müssen, als sie bekommen können. Zeigt sich ein kleines Kind oft schwer beeindruckt von den Eltern, so können Sie von Teenagern vorübergehend eher wenig Dankbarkeit erwarten. Auch Bestätigung sollte man von den eigenen pubertierenden Kindern nicht erwarten oder einfordern. Erst später zeigen sich die jungen Erwachsenen dankbar, etwa indem sie sagen:*»Mensch, da war ich aber auch ganz schön provokativ, wie habt ihr das bloß mit mir ausgehalten!«* Freuen Sie sich jetzt schon auf diese schöne Zeit»danach«! Dann werden Sie gemeinsam über die Vergangenheit schmunzeln und stolz auf sich sein, dass Sie diese heiße Phase so gut überstanden haben.

• *Eltern sollten Vertrauensvorschuss leisten:* Der Teenager muss die Möglichkeit erhalten, zunehmend eigene Entscheidungen zu treffen, die Verantwortung für seine Schulangelegenheiten zu übernehmen etc. Natürlich wird Ihr Kind sich nicht immer so entscheiden und verhalten, wie Sie das gerne hätten. Und das ist auch gut so! Ein Jugendlicher muss»Fehlentscheidungen« treffen dürfen, ohne dass ihm dadurch der elterliche Rückhalt abhandenzukommen droht. Vertrauen Sie ihm also, und vertrauen Sie ihm immer wieder. Geben Sie ihm auch nach dem dritten Fehlversuch noch eine Chance, es»anders« zu machen. Vergessen Sie nicht: Ihr Jugendlicher übt noch!

• *Eltern sollten ihr Verhalten kritisch hinterfragen lassen und trotzdem zu sich selbst stehen.* Das ist ein Balanceakt. Der Teenager, der sich über seine Eltern lustig macht oder sie offen kritisiert, provoziert geradezu ein selbstkritisches Hinterfragen des eigenen Verhaltens und der Gewohnheiten. Eltern tun gut daran, sich mit den Kritikpunkten des

Jugendlichen ernsthaft auseinanderzusetzen. Allerdings braucht der Teenager auch ein stabiles Gegenüber, das diese Kritik zu ertragen in der Lage ist. Eine Mutter, die sich jedes Mal in Tränen auflöst, weil ihre Tochter sich im Ton vergreift, wird nicht als besonders präsent erlebt werden können, genauso wenig wie ein Vater, der schnell laut wird und wütend herumschreit und gar nicht mehr richtig zuhören kann.

Jugendliche haben dann zwei Möglichkeiten: Entweder sie »provozieren« so lange weiter, bis sie den Widerstand, also den »Resonanzboden« des Erwachsenen spüren. Oder sie verschonen Mama und Papa hinfort. Beides ist der Entwicklung des Heranwachsenden nicht förderlich.

Eltern sollten für den Jugendlichen als Anlaufstelle zur Verfügung stehen. Jugendliche brauchen Orientierung, Struktur und Klarheit. Und das können ihnen Erwachsene geben. Nicht immer und ausschließlich, denn auch Eltern sind mal krank, chaotisch, verwirrt oder überfordert. Aber manchmal. Und das reicht.

»Ich bin ich und du bist du« – gute Abgrenzung

In der pädagogischen Ratgeberliteratur wird viel über »Grenzen setzen« geschrieben. Eltern werden immer wieder aufgefordert, ihren Kindern gegenüber klare Ansagen zu machen und diese dann unter sanfter »Androhung« von Konsequenzen durchzusetzen.

Das ist nicht prinzipiell falsch. Meiner Erfahrung nach wird jedoch die Vorstellung, Kindern Grenzen setzen zu müssen, oft dazu benutzt, um ihnen letztlich doch wieder nur Vorschriften zu machen. Das ist sicher manchmal notwendig, wird aber schwieriger und überflüssiger, je älter die Kinder werden. Jugendlichen strikte Verbote auszusprechen, ist ebenfalls manchmal wichtig, oft aber wenig erfolgversprechend, sondern sogar kontraproduktiv.

Meiner Ansicht nach geht es in der Erziehung nicht in erster Linie darum, Grenzen zu setzen, sondern darum, selbst abgegrenzt zu sein, also eine stabile Persönlichkeitsstruktur zu haben. Je klarer sich ein Mensch über sich selbst ist, je besser er eine Vorstellung von seiner eigenen Identität hat, desto klarer kann er sich von dem Jugendlichen abgrenzen, und zwar auf eine positive Art und Weise.

Sich abzugrenzen wird oft damit verwechselt, jemanden abzulehnen oder zurückzuweisen. Das ist mit innerer Abgrenzung nicht gemeint. Abgegrenzt zu sein heißt vielmehr, sich (einigermaßen) darüber im Klaren zu sein, wer man selber ist. *Abgegrenzt zu sein hat also weniger etwas mit erzieherischem Handeln zu tun, sondern mehr mit der persönlichen Reife und der inneren Haltung.*

Der US-amerikanische Paartherapeut David Schnarch hat hier den Begriff der »Differenzierung« geprägt. Er bezeichnet damit die Fähigkeit einer Person, einerseits emotional ganz bei sich und gleichzeitig ganz aufmerksam einer anderen Person gegenüber sein zu können. Die Voraussetzung für eine hohe Differenzierung ist eine sehr gute Selbstkenntnis und das Wissen um die eigenen Grenzen. Wer mit einer anderen Person beispielsweise symbiotisch verstrickt oder auf andere Weise konflikthaft verwickelt ist, wird diese innere Grenzen oft nicht spüren und kann dann nicht gut abgegrenzt sein.

Deshalb ist es eine der wichtigsten Aufgaben als Eltern, sich mit sich selbst auseinanderzusetzen. Je klarer sich Mütter und Väter über ihre Identität, ihre Ängste und Sorgen, ihre Stärken und Schwächen, ihre eigenen Kindheitserlebnisse, ihre Wünsche, Erwartungen und Bedürfnisse sind, desto klarer und abgegrenzter werden sie auch ihren Kindern gegenüber auftreten können. Den Kindern tut das deshalb so gut, weil es ihnen dann wiederum leichter fällt, sich als eigenständige Persönlichkeiten zu erleben und ihre eigene Identität zu entwickeln.

Menschen, die über einen hohen Grad an Differenzierung verfügen, können anderen Menschen zuhören, ohne das Geschilderte sofort mit den eigenen Gefühlen zu vermischen. Es fällt ihnen auch leichter, jemandem beizustehen, der Kummer oder Ärger hat, weil sie nicht sofort selber Trauer oder Ärger empfinden müssen. Oder wenn sie diese Gefühle haben, dann wissen sie zumindest, dass es sich hierbei um ihre eigenen handelt.

Je differenzierter Eltern sind, desto klarer können die Eltern das Kind auch als eigenständiges Wesen erkennen, das andere Nöte, Bedürfnisse und Gefühle hat als sie selbst. Dann kann sich das Kind wiederum leichter von ihnen abgrenzen, und umso leichter fällt ihm auch seine Verselbstständigung. Vorausgesetzt natürlich, das Kind fühlt sich grundsätzlich geliebt und angenommen.

5 Grundsätze der positiven Abgrenzung

1. *Lassen Sie unterschiedliche Gefühlszustände nebeneinander stehen und werfen Sie einen differenzierten Blick auf die Situation.*

Wenn ihr Kind beispielsweise wütend auf einen Freund ist, dann neigen Eltern dazu, sich dieser Wut anzuschließen und auch wütend zu werden. Statt aber auch auf den Freund zu schimpfen, könnte man mal in sich hineinhorchen. Dann käme vielleicht folgende Erkenntnis: »*Mein Kind ist wütend auf seinen Freund. Ich verstehe und akzeptiere diese Wut, verspüre aber selber gar keine Wut auf den Freund. Mir fällt es eher schwer, die Wut und die dahinterstehende Kränkung meines Kindes auszuhalten.*«

2. *Erlauben Sie Ihrem Kind, eigenständige und andere Vorstellungen vom Leben zu entwickeln.*

Ihr Kind wird zwar viele Werte von Ihnen übernehmen, aber auch manches anders sehen als Sie. Das ist in Ordnung so. Es kann auch sein, dass Ihre Tochter oder Ihr Sohn vorübergehend recht krasse Positionen einnimmt. Nehmen Sie diese ernst und setzen Sie sich damit auseinander, reden und diskutieren Sie mit Ihrem Jugendlichen. Gehen Sie aber davon aus, dass er sich weiterentwickeln wird und sich seine Ansichten durchaus noch verändern werden. Das Differenzierungsvermögen ist in der Pubertät noch lange nicht ausgereift. Schließlich lernen wir ein Leben lang dazu.

3. *Lassen Sie Ihrem Kind seine Gefühle. Reden Sie ihm diese nicht weg oder aus. Halten Sie seine Gefühle aus!*

Ist ein Jugendlicher beispielsweise traurig, weil er Liebeskummer hat, können Eltern das oft schlecht aushalten. Sie fangen dann an, ihn über seinen Schmerz hinwegzutrösten. Oder sie reden schlecht über andere, die womöglich an dem Zustand des Kindes »schuld« sind. Hilfreicher ist es aber, einfach da zu sein und die Gefühle des Kindes zu akzeptieren.

4. *Versuchen Sie in einem Gespräch, mit Ihren eigenen Gefühlen in Kontakt zu sein und gleichzeitig Ihrem Sohn oder Ihrer Tochter gut zuzuhören.*

Das ist leichter gesagt als getan, vor allem bei Vorwürfen, die uns an den Kopf geworfen werden. Rasch reagieren wir darauf mit Abwehr, wir hören nicht mehr hin, fragen nicht nach, sondern machen innerlich »dicht« oder gehen in die Offensive.

Es lohnt sich aber, »zweispurig« zu denken und zu fühlen. Das ermöglicht, einen Überblick über die Situation zu gewinnen. Üben Sie also häufiger mal in Gesprächen oder Konflikten zu überlegen: »*Was will mein Kind mir gerade sagen? Wie fühlt es sich?*« – »*Und was fühle ich dabei?*«

5. *Lernen Sie Ihre eigenen Gefühle und Reaktionen besser kennen und trennen Sie diese von denen des Jugendlichen.*

Wenn es Sie beispielsweise ängstigt, dass Ihr Kind gerade eine leichte Durchhängephase hat, prüfen Sie, was Ihre Sorge mit Ihnen selbst zu tun hat. Hatten Sie vielleicht auch mal eine solche Phase und fühlen sich schmerzlich daran erinnert? Oder ging es einem Ihrer Geschwister einmal schlecht und Sie machten sich damals große Sorgen, die jetzt wieder reaktiviert werden?

Trennen Sie diese Gefühle voneinander: Das eine ist wirkliches Mitgefühl mit Ihrem Kind, das andere ist die eigene Traurigkeit, Sorge oder was auch immer. Es ist wichtig, diese unterschiedlichen Anteile auseinanderzudividieren, wenn man seinem Kind eine gute Unterstützung sein will. Ansonsten vermischen sich zu viele verschiedene Ebenen miteinander, was das Kind wiederum spürt. Da heißt es dann schon mal: »*Meine Mutter versteht mich eh nicht, die hat ja selber so viele Probleme!*« oder: »*Mein Vater hat keine Ahnung, der redet immer nur davon, wie es früher mal war.*« Anderen gut zuhören zu können und gleichzeitig aufmerksam bei sich selbst bleiben zu können – das ist ein wichtiger Aspekt elterlicher Präsenz.

Übrigens: Wenn Sie das Gefühl haben, innerlich nicht gut abgegrenzt zu sein und diesbezüglich noch etwas klarer werden wollen, kann eine Selbsterfahrungsgruppe oder eine Therapie hilfreich sein. Vielleicht tun Sie sich auch einfach mit anderen betroffenen Eltern zusammen und bilden einen Gesprächskreis. Dieser sollte sich allerdings nicht damit begnügen, sich nur über die Jugendlichen auszulassen. *Eltern von Teenagern neigen dazu, zu viel über ihre Kinder und zu wenig von sich selbst und ihren Gefühlen zu sprechen. Hilfreicher wären Fragen wie:*
- Was löst der Jugendliche in mir aus?
- Wie kann ich damit umgehen?
- Was tut mir jetzt gut?

»Ich will doch nur dein Bestes« – wie geht »fördern«?

Eltern wollen ihre Jugendlichen maximal fördern. Das ist auch gut so. Wer möchte nicht, dass sein Kind einen guten Schulabschluss macht und so seine Chancen auf dem Arbeitsmarkt erhöht? *»Ich will doch nur dein Bestes!«*, heißt es dann oft. Und Jugendliche regen sich darüber auf, warum die Eltern zu wissen glauben, was für sie das Beste sei. In der Tat: *»Ich will doch nur dein Bestes!«* – was heißt das schon? Natürlich haben Eltern bestimmte Vorstellungen im Kopf, wie der Jugendliche werden oder sein sollte. Wir alle haben Erwartungen an unsere Kinder, aber woher wollen wir wissen, ob das im Sinne des Kindes oder gar das »Beste« für es ist?

Was wir für »das Richtige« halten, hängt stark von unseren Werten ab: Was ist uns wichtig? Worauf legen wir großen Wert? Was hat Priorität, was weniger?

Wenn Kinder andere Prioritäten setzen und unsere Erwartungen nicht erfüllen, dann reagieren wir enttäuscht. Doch es ist unumgänglich, dass unsere Kinder irgendwann einmal unseren Erwartungen nicht entsprechen wollen oder können und wir genötigt werden, mit diesem Gefühl der Enttäuschung umzugehen.

Mit diesen Enttäuschungen gut umgehen zu können, ist eine wichtige Aufgabe von Eltern. Folgende Schritte könnten dabei helfen:

1. *Beschäftigen Sie sich mit Ihren Erwartungen.*

Machen Sie sich klar, was Sie von Ihrem Teenager erwarten. Erwarten Sie, dass

– Ihr Kind seinen Realschulabschluss bzw. Abitur macht?
– Ihr Kind studieren oder eine Ausbildung machen wird?
– Ihr Kind sich einen festen Partner suchen wird?
– Ihr Kind später heiratet und Kinder bekommt?
– Ihr Kind später die Welt bereist? Viel Geld verdient?

Versuchen Sie möglichst genau zu ergründen, was Sie insgeheim erwarten. Seien Sie ehrlich mit sich selbst. Manchmal entdeckt man nämlich auch Erwartungen, von denen man zuvor gar nichts wusste und die einem vielleicht auch gar nicht so besonders gefallen, z. B.: *»Ich erwarte, dass du mich glücklich/stolz machst.«* Oder: *»Ich erwarte, dass du es besser machst als ich.«*

Manchmal lautet eine Erwartung aber auch: *»Ich erwarte, dass du es nicht besser als ich machst, denn dann müsste ich mich schlecht fühlen, und das möchte ich nicht!«*

Solche eher unbewussten Erwartungen nennt man auch Delegationen. Eltern übertragen ihren Kindern unbewusst Aufgaben, die diese in ihrem Leben erfüllen sollen. Solange den Kindern das gelingt, können diese Delegationen eine Hilfe im Leben sein, denn sie geben Struktur und Orientierung. Widersprechen diese Delegationen aber dem eigentlichen Bedürfnis oder Wunsch des Kindes, so gerät es in einen inneren Konflikt. Ein solcher innerer Konflikt ist oft schwerwiegend, weil er mit Schuldgefühlen einhergeht. Denn kein Kind möchte seine Eltern enttäuschen!

Ein Beispiel:

Lisa war 18 und wollte nach dem Abitur gerne Sozialpädagogik studieren. Sie traute sich jedoch nicht, es ihren Eltern zu sagen, weil sie genau wusste, dass ihre Eltern sich für sie etwas »Anspruchsvolleres«, etwa Jura, vorgestellt hatten. Sie wusste das, obwohl die Eltern ihr das nie eindeutig gesagt hatten. Ihre Eltern waren selbst beruflich weniger »erfolgreich« gewesen und wünschten sich, dass es ihre Tochter einmal »zu etwas bringen« werde.

In einem Coaching wurde die Szene durchgespielt, in der sie ihren Eltern von ihrem Plan erzählt. Diese Visualisierung machte klar, warum Lisa Angst vor der Offenbarung ihres Berufswunsches hatte: Die Eltern würden – in Lisas Fantasie – weder schimpfen noch schreien, sondern schlichtweg schweigen. Ihre Enttäuschung wäre stumm, aber umso eindringlicher. Lisa hatte in der imaginierten Situation so starke Schuldgefühle, dass sie kurz davor war, von ihrem Berufswunsch abzusehen und stattdessen Jura zu studieren.

Im Verlauf des Coachings ließ sich Lisa dahingehend ermuntern, mehr ihren eigenen Weg im Fokus zu haben, als sich auf die Vorstellung zu konzentrieren, ihre Eltern nicht enttäuschen zu dürfen.

Als sie ihren Eltern dann zu einem späteren Zeitpunkt wirklich von ihrem Berufswunsch erzählte, waren diese zwar nicht begeistert, aber weniger enttäuscht, als Lisa befürchtet hatte. Sobald sie merkten, wie viel Spaß Lisa das Studium machte, schlossen sie damit Frieden. Sie konnten von ihren Vorstellungen Abschied nehmen und waren nicht enttäuscht von ihrer Tochter. Lisa war davon sehr überrascht und beglückt.

2. *Lernen Sie mit Enttäuschungen umzugehen. Und umzudenken.*
Eltern müssen manchmal von bestimmten Vorstellungen Abschied

nehmen. Vielleicht ist das Kind eben doch nicht so musikalisch wie erhofft. Es ist zaghafter, als wir es gerne hätten, und traut sich vieles (noch) nicht. Oder es möchte Gärtnerin werden statt Biologie auf Lehramt zu studieren. Oder es hat überhaupt kein Interesse an Karriere, sondern möchte einen ganz unkonventionellen Weg einschlagen. Eltern müssen damit rechnen, dass ihre Kinder einen anderen Weg nehmen als den, den sie sich vorgestellt haben. Eltern haben kein Anrecht darauf, dass ihr Kind das tun wird, was sie sich dereinst erhofft hatten. Das Kind ist nicht da, um ihre Wünsche zu erfüllen. Der Jugendliche ist eine eigene Person mit eigenen Wünschen und Zielen. Diese sollte er auch in den Mittelpunkt seines Lebens stellen dürfen. Viele Eltern sind theoretisch auch dieser Ansicht. Und dennoch fällt es ihnen verständlicherweise schwer, von ihren Vorstellungen Abstand zu nehmen. Auch und besonders die unbewussten Erwartungen wirken lange und hartnäckig; oft können sie erst im Nachhinein erkannt und benannt werden.

Die Macht, die elterliche Wünsche auf die kindliche Seele haben, kann man kaum überbewerten. Das können Sie leicht überprüfen, indem Sie sich nochmals ins Bewusstsein rufen, was Ihre Eltern von Ihnen erwartet haben. In der Rückschau wird auch Erwachsenen klar, wie sehr ihr eigener Lebensweg den Erwartungen der Eltern entsprochen hat. Und welche Mühe es sie manchmal gekostet hat, die Erwartungen nicht zu erfüllen, sondern den eigenen Weg zu gehen.

3. *Prüfen Sie Ihre Befürchtungen.*

Was könnte geschehen, wenn Ihr Kind einen anderen Weg einschlagen würde als den, den Sie sich erhofft hatten? Wie sieht Ihr schlimmstes Szenario in Bezug auf Ihr Kind aus (mal abgesehen von Tod, Unfall, schwerer körperlicher oder psychischer Krankheit usw.)?

Das Schlimmste für mich wäre, wenn meine Tocher oder mein Sohn ...

– später arbeitslos werden würde,

– keine Freude am Leben hätte,

– ein Punk werden würde,

– in eine Sekte eintreten würde,

– keine Familie gründen würde,

– ...

Fragen Sie sich dann weiter: Warum wäre das denn das Schlimmste? Spielen Sie diesen Gedankengang komplett durch und überlegen Sie dann, wie realistisch dieses Szenario ist.

Überlegen Sie auch, ob es ähnliche »Fälle« in Ihrer Familiengeschichte bereits gegeben hat. Meistens speisen sich Ängste und Befürchtungen aus der Vergangenheit. Nehmen Sie sie ernst, aber achten Sie darauf, dass Sie Ihr Kind durch Ihre Ängste nicht manipulieren oder in eine bestimmte Richtung drängen.

- *Fördern Sie Ihr Kind in seinem Sinne.*
  - Ermöglichen Sie Ihrem Kind, seine eigenen Interessen zu entwickeln. Dazu gehört, auch mal etwas Unkonventionelles auszuprobieren und Hobbys wieder fallen zu lassen. Mit Zwang und Druck ist nicht viel zu erreichen, wenn der Jugendliche kein Eigeninteresse zeigt. Schüchterne Jugendliche brauchen manchmal mehr Anlaufzeit und Unterstützung, ehrgeizige Kinder müssen hingegen manchmal eher gebremst werden, damit sie sich nicht überfordern.
  - Ermöglichen Sie Ihrem Kind, seine eigenen Interessen zu verfolgen und sich Ziele zu stecken. Es geht nicht darum, dass Ihr Kind ein besonderes gesellschaftlich anerkanntes Hobby pflegt, sondern einzig und allein darum, dass es Spaß daran hat, sich darin versenken kann (der sogenannte »Flow«-Effekt) und dass es ihm Bestätigung einbringt. Das kann Autobasteln, Nähen, Sport oder das Spielen eines Instruments sein.
  - Übrigens sollte Ihr Jugendlicher seinem Hobby immer nachgehen dürfen, ganz unabhängig von Schulnoten oder anderen Leistungen. Manche Eltern verbieten Hobbys, wenn die Zensuren zu wünschen übrig lassen. Das halte ich für ungünstig. Gerade dann, wenn der Teenager in der Schule zu wenige Erfolgserlebnisse hat, braucht er welche im »echten« Leben.
  - Unterstützen Sie Ihren Jugendlichen, wo er Unterstützung braucht. Mischen Sie sich ansonsten immer weniger in Schuldinge oder private Angelegenheiten ein.
  - Entwickeln Sie die Bereitschaft, auch unkonventionelle Lebenswege zu akzeptieren.
- *Regen Sie Ihr Kind zum Träumen an.*
  Fragen Sie Ihr Kind doch auch hin und wieder: »*Was wünschst du dir für deine Zukunft? Wie stellst du dir dein späteres Leben vor?*«
  Erwarten Sie keine genauen und realistischen Pläne, dazu ist Ihr Kind noch zu jung. Es geht eher darum, grobe Vorstellungen zu entwickeln, wie sein Leben später einmal aussehen könnte, oder einfach ein bisschen herumzuträumen. Wenn man in der Jugend keine Träume haben darf, wann denn dann?

Auch wenn die Zukunftsideen noch vage oder wirr sind, so sollten Sie sie doch ernst nehmen: Sie sagen zwar nicht unbedingt etwas über die tatsächliche spätere Lebensplanung aus – und schon gar nichts darüber, wie das Leben später wirklich aussehen wird. Das Leben ist ohnehin eine prallgefüllte Tüte voller Überraschungen und daher selten detailliert planbar. Die Zukunftswünsche sagen aber auf jeden Fall etwas über die aktuellen Bedürfnisse und Wünsche Ihres Kindes aus: Stellt Ihre Tochter sich z. B. vor, viel zu reisen, viel Geld zu haben, Single zu sein usw., hat das viel mit ihrem Bestreben nach Unabhängigkeit und Selbstständigkeit zu tun. Träumt Ihr Sohn von Ehe und Familie, ist er interessiert an Sicherheit und Bindung. Meistens kommen diese beiden Wünsche gleichzeitig vor.

Prinzip Selbstwirksamkeit: Was Jugendlichen guttut

Seit vielen Jahren beschäftigt sich die sogenannte Resilienzforschung mit der Frage, was Kinder seelisch robust werden lässt.[10] Als Resilienz bezeichnet man die Fähigkeit eines Menschen, sich auch unter widrigen Umständen gut zu entwickeln und ein stabiles Selbstwertgefühl auszubilden. So wurde bereits mehrfach wissenschaftlich untersucht, was Kindern aus schwierigen sozialen Verhältnissen geholfen hat, trotz aller Probleme ein positives Selbstbild und ein optimistisches Weltbild zu entwickeln. Die Wissenschaftlerinnen und Wissenschaftler fanden Folgendes heraus:

* Resiliente Kinder hatten mindestens eine emotional zugewandte Bezugsperson, zu der sie Vertrauen hatten,
* sie wurden von dieser wertschätzend behandelt,
* sie hatten Erfolgserlebnisse, weil sie ihren Eltern oder Geschwistern halfen oder andere wichtige Aufgaben für die Familie erledigten und sich dadurch wichtig und bedeutsam fühlten,
* sie konnten ein stabiles Selbstwertgefühl aufbauen, da sie sich als selbstwirksam erlebt hatten.

Dieses Ergebnis zeigt, wie wichtig für Jugendliche eine gute Bindung an einen zugewandten Menschen ist. Gleichermaßen profitieren sie von dem Gefühl, etwas Wichtiges zum (Familien-)Leben beitragen und ihr Leben maßgeblich mitgestalten zu können.

Besonders der letzte Aspekt wird häufig unterschätzt. Selbstwirksamkeit bedeutet die Überzeugung, Einfluss auf sein Leben nehmen zu können und ein gewisses Maß Eigenmacht zu haben. Auch Erwachsene brauchen das Gefühl, selbstwirksam sein und ihr Leben durch eigenes Handeln mitgestalten zu können. Einer problematischen oder gar bedrohlichen Situation hilflos ausgeliefert zu sein, ist hingegen für Menschen schwer erträglich und manchmal sogar traumatisierend.

Menschen, die die Erfahrung gemacht haben, dass sie etwas für ihre Zufriedenheit oder zumindest für das Aushalten schwieriger Lebenssituationen tun können, ziehen daraus Kraft und Zuversicht. Denn wer bereits einmal oder mehrfach etwas Hilfreiches tun konnte, kann darauf vertrauen, dies in seinem Leben nochmals tun zu können. Probleme und schwierige Aufgaben erscheinen dann weniger bedrohlich, sondern können kreativ angepackt werden. Menschen, die sich als selbstwirksam erleben, sehen sich weniger in der Opferrolle, in der sie etwas von außen Aufgezwungenes erleiden müssen. Sie können – mehr oder weniger – ihr Leben selbst in die Hand nehmen.

Das ist unter anderem ein Grund, warum Jugendliche Herausforderungen und Erfolgserlebnisse brauchen. Sie wachsen nicht nur daran, sondern sie entwickeln dadurch das Gefühl von Selbstwirksamkeit: Sie werden zu den Urhebern ihres eigenen Lebens.

Sie helfen Ihrem Kind, sich öfter als selbstwirksam zu erleben, wenn Sie folgende Punkte beherzigen:

1. *Ermöglichen Sie Ihrem Kind Herausforderungen und Erfolgserlebnisse.*
Besonders wenn Ihr Kind in der Schule gerade nicht gut zurechtkommt, sollte es in seiner Freizeit etwas Neues ausprobieren und sich bewähren. Ob Sport, ein Instrument oder einfach nur alleine zelten gehen – irgendwelche Herausforderungen gibt es immer zu meistern. Das stärkt, macht stolz und zuversichtlich.

2. *Geben Sie Ihrem Kind positives Feedback, wenn ihm etwas gut gelungen ist.*
Mofa repariert oder ein Bild gemalt? Lassen Sie sich das zeigen oder erklären. Und würdigen Sie diese Leistung. Aber auch Alltäglichkeiten und vermeintliche Selbstverständlichkeiten müssen hin und wieder verbal positiv erwähnt werden: *»Ich finde es prima, wie lieb du dich heute um deinen kleinen Bruder gekümmert hast«* oder: *»Mir ist aufgefallen, dass du etwas ordentlicher mit deinen Schulsachen umgehst. Das gefällt mir!«*

3. *Übergeben Sie Ihrem Teenager immer mehr Verantwortung.*
Morgens den Ranzen hinterhertragen? Hausaufgaben kontrollieren?

Ab jetzt bitte nicht mehr. Ihr Kind sollte sich jetzt immer mehr für seine eigenen Angelegenheiten zuständig fühlen. Das kann natürlich bedeuten, dass es mal vergisst, seinen Turnbeutel zu packen oder Vokabeln zu lernen. Das ist trotzdem kein Grund, ihm diese Arbeit abzunehmen. Sonst lernt es nie, seinen Kram selbst zu erledigen.

4. *Würdigen Sie die Anstrengungen, die Ihr Kind unternimmt, um ein bestimmtes Ziel zu erreichen.*

Selbst wenn das Ergebnis nicht wie erhofft ausfällt: Die Mühe, die sich Ihr Sohn oder Ihre Tochter gegeben hat, verdient Anerkennung. Wenn diese fehlt, ist das Kind doppelt frustriert: Erstens hat es sein Ziel nicht erreicht, obwohl es sich Mühe gegeben hat. Und zweitens sieht keiner, wie viel Mühe es sich gegeben hat. Würdigen Sie also die Anstrengungen Ihres Kindes angemessen.

5. *Helfen Sie Ihrem Jugendlichen gelegentlich, sich auf seine Stärken zu besinnen.*

Vor allem, wenn Ihr Kind gerade viel Frust einstecken muss, Probleme mit Freunden hat oder unter Selbstzweifeln leidet, erinnern Sie es an das, was es alles schon geschafft hat. Zählen Sie auf, welche Probleme es früher schon mal gelöst hat.

Wir kennen das selber: Allzu oft vergessen wir in schwierigen Phasen, was wir alles können, wie viel Kraft und Potenzial wir in uns tragen. Ebenso wie wir freuen sich unsere Jugendlichen, wenn sie mal wieder daran erinnert werden.

Vertrauen: Ohne Vorschuss geht es nicht

Auch wenn es insbesondere von Müttern behauptet wird: Eltern sind nicht selbstlos. Sie sind keine Altruisten. Das können sie auch gar nicht sein. Denn wie alle anderen Menschen auf der Welt brauchen auch sie die Bestätigung, dass das, was sie tun – z. B. wie sie ihre Kinder erziehen – wertvoll und gut ist. Und das Gefühl, von irgendjemandem geliebt und gebraucht zu werden. Natürlich auch von ihren Kindern.

Allerdings sind Eltern durchaus in der Verantwortung, ihre Zuneigung *zu* den Kindern nicht von deren »Wohlverhalten« abhängig zu machen. Sie können ein schreiendes Baby nicht ignorieren, nur weil es gerade nicht niedlich lächelt. Sie müssen es trösten, füttern und versorgen. Ebenso verantwortungslos wäre es von Eltern, ein Kind im sogenannten »Trotzalter« im Laden stehen zu lassen, weil ihnen sein Gebrüll so auf die

Nerven geht. Eltern müssen also immer in eine Art emotionale Vorleistung treten. Das können sie, weil sie gelernt haben, ihre eigenen Bedürfnisse eine Weile zurückzustellen, und wissen, dass das Kind von ihnen abhängig ist. Eltern sind also stets im gewissen Maße gefordert, die eigenen Impulse zu steuern und ihre Bedürfnisse hintenanzustellen. Das erfordert unter anderem die Fähigkeiten,

- immer wieder Geduld aufzubringen,
- sich in das Kind hineinzuversetzen,
- vorübergehend von den eigenen Bedürfnissen abzusehen,
- die eigenen Affekte zu kontrollieren,
- die eigenen Gefühle zu hinterfragen,
- dazuzulernen.

Da wird Eltern schon einiges abverlangt. Und da Eltern auch nur Menschen sind, gelingt ihnen das mal mehr, mal weniger gut.

Problematisch wird es erst, wenn Eltern nur dann freundlich zu ihrem Kind sind, wenn es »lieb« ist. Solche Eltern bringen ihrem Kind zwangsläufig bei, dass es nur dann liebenswert ist, wenn es sich auf eine bestimmte Art und Weise verhält. Etwa indem es immer brav ist, nicht zu viele Ansprüche stellt, Papa immer stolz macht, sich lieb um Mama kümmert, besonders schlau oder witzig ist. Das Kind muss sich dann enorm anstrengen, um die Gunst der Erwachsenen zu gewinnen und sie dauerhaft zu behalten. Doch jeder Mensch wünscht sich im Grunde seines Herzens, einfach so geliebt zu werden, wie er eben ist. Um seiner selbst willen. Ohne ständig dafür etwas tun oder sogar darum kämpfen zu müssen.

Kleine Kinder sind oft noch große Fans ihrer Eltern: Mama und Papa sind die Tollsten, sie haben immer recht, sie wissen alles und sind stark. Mit der Pubertät kommen aber die ersten Zweifel: Papa kann ja doch nicht alles! Und Mama redet immer dasselbe! Das ist der Zeitpunkt, wenn Eltern peinlich werden. In der Wahrnehmung der Teenager schrumpfen die Helden ihrer Kindheit zu ganz normalen Menschen zusammen, die die Weisheit auch nicht mit Löffeln gefressen haben, manchmal dummes Zeug reden und sich sogar widersprechen. Kommt noch dazu, dass sie oft genug ihr Leben selber nicht im Griff, aber immer gute Ratschläge parat haben. Jugendliche sind da glasklar und manchmal hammerhart. Sie halten uns den Spiegel vor – ob wir das nun wollen oder nicht.

Wenn Eltern in dieser heiklen Phase anfangen, sich von den Kindern abzuwenden, weil diese sie nicht mehr so bestätigen und bewundern wie früher, kann das fatale Folgen haben. Denn der Teenager braucht den Rückhalt jetzt ganz besonders. Er braucht die Reibung, die Auseinandersetzung. Je mehr sich Eltern dem widersetzen, desto schwieriger wird es für den Heranwachsenden, sich nachhaltig zu lösen. Entweder der Teenager kämpft dann lautstark darum, endlich wahrgenommen zu werden, oder er zieht sich resigniert zurück. Beides verkompliziert seinen Ablösungsprozess wiederum erheblich.

Eltern sollten sich also klar darüber sein, dass sie in der Pubertät nicht viel Anerkennung von ihren Jugendlichen zu erwarten haben. Wenn Kinder dann zwischendurch doch mal etwas Liebes sagen und sich zugewandt zeigen: Freuen Sie sich! Es ist wunderbar, wenn Teenager ihren Eltern ihre Liebe zeigen können. Vielen gelingt das aber nur schwerlich. Seien Sie hier kulant. Nur weil sich Ihr Jugendlicher gerade etwas kratzbürstig zeigt, heißt das keinesfalls, dass er Sie nicht mehr liebt!

Beherzigen Sie also folgende Aspekte:

- Bleiben Sie an Ihrem Teenager dran, auch wenn es manchmal mühselig ist.
- Entlassen Sie Ihr Kind innerlich aus der »Pflicht«, Ihnen gute Gefühle bereiten zu müssen.
- Suchen Sie sich woanders Quellen der Bestätigung und Freude: im Job, in der Partnerschaft, bei Freunden, bei einem Hobby.
- Behalten Sie einen langen Atem: Um die Pubertät gut zu überstehen, brauchen Sie ein bisschen Kondition.
- Seien Sie gewiss: In ein paar Jahren wird Ihr Jugendlicher zu schätzen wissen, dass Sie ihm ein Sparringspartner geblieben sind.
- Tun Sie jetzt das, was Sie für richtig und angemessen halten. Ob es auch »richtig« im Sinne von hilfreich war, werden Sie vermutlich erst später erfahren – wenn überhaupt. Das Leben ist ein Abenteuer, es gibt keine Patentrezepte.

Auch ist es wichtig, dem Jugendlichen immer wieder Vertrauensvorschuss zu gewähren. Hat er Mist gebaut? Was mitgehen lassen oder geflunkert? Ist er mal zu spät nach Hause gekommen? Ist nicht so schlimm! Klären Sie das in Ruhe miteinander und verzeihen Sie ihm. Jeder macht »Fehler«. Und bereut es womöglich später. Jugendliche machen natürlich auch mal dummes Zeug, schließlich müssen sie erst lernen, wie das mit dem Erwachsenwerden und der Verantwortung so ist. Seien Sie also nicht zu nachtragend und geben Sie Ihrem Kind immer wieder eine neue Chance.

Das soll natürlich nicht heißen, dass Ihr Kind alles machen darf, was es will, dass es keine Regeln geben sollte und dass sein »Fehlverhalten« niemals Konsequenzen nach sich ziehen sollte. Selbstverständlich muss Ihr Kind wissen, was Sie gutheißen und was nicht. Allerdings muss es auch langsam lernen, eigenverantwortliche Entscheidungen zu treffen, so dass es sinnvoll ist, es in bestimmte Entscheidungsprozesse mit einzubinden und ihm immer mehr Entscheidungsspielraum zu lassen.

Aber Ihr Kind wird vermutlich auch mal austesten, wie weit Sie zu ihm stehen: *»Lieben meine Eltern mich auch noch, wenn ich mal nicht das brave Kind bin?« – »Halten sie zu mir, auch wenn ich mal Mist gebaut habe?«* Das machen Jugendliche übrigens unbewusst, so dass man ihnen niemals eine manipulative oder boshafte Absicht unterstellen sollte. *Teenager testen nicht, weil sie Macht haben wollen, sondern weil sie die Rückversicherung brauchen: »Meine Eltern sind für mich da, wenn ich sie brauche. Und sie lassen mich meinen Weg finden.«*

Erste Liebe. Und warum Eltern sie schützen sollten

Irgendwann ist es so weit: Der bzw. die Jugendliche schleppt den ersten Freund oder die erste Freundin mit nach Hause. Das ist für alle Beteiligten ein aufregendes Erlebnis. Für das Kind, das meistens hofft, dass die Freundin / der Freund von den Eltern gut aufgenommen wird. Für den Freund bzw. die Freundin, die auch noch unsicher ist und auf freundliche Aufnahme hofft. Und letztlich für die Eltern, die nun auch recht genau wissen, dass erste Liebe schön, aber auch schmerzhaft sein kann.

Ihr Kind braucht jetzt Ihre Unterstützung, damit das zarte Pflänzchen »Erste Liebe« in Ruhe gedeihen kann. Damit ist nicht gemeint, die Jugendlichen zu kontrollieren oder auszufragen. Vielmehr geht es darum, dieser bedeutsamen jungen Beziehung eine Art Schonraum zu geben.

7 Regeln für den Umgang mit der »ersten Liebe« Ihres Kindes
1. *Akzeptieren Sie die Wahl Ihres Kindes.*
Das wird Ihnen leichtfallen, wenn Sie das Mädchen bzw. den Jungen mögen. Aber auch wenn die neue Flamme des Jugendlichen nicht so Ihr Fall ist: Versuchen Sie, die Person wertzuschätzen, und bemühen Sie sich um ein gutes Verhältnis. Sie müssen jemanden nicht besonders mögen, um freundlich und verbindlich zu sein. Überlegen Sie sich auch, was Sie an der Person nicht mögen: Hat er/sie eine Eigen-

schaft, die sich Ihr Kind wünscht oder die es besonders toll findet? Fragen Sie Ihren Teenager doch einfach mal: »*Was magst du an ihr/ ihm denn besonders?*« Das darf aber kein Verhör werden, das Kind sollte sich nicht rechtfertigen müssen.

Übrigens: Es gibt auch Sympathie auf den zweiten Blick. Man muss aber bereit sein, seinen ersten Eindruck zu revidieren.

2. *Lernen Sie den Freund / die Freundin kennen.*

Zeigen Sie sich interessiert an dem Freund / der Freundin Ihres Kindes, allerdings ohne zu kontrollierend zu werden. Niemand wird gerne ausgefragt, sorgen Sie also eher für eine ungezwungene Stimmung, damit sich der Gast wohlfühlt. Ihr Kind wird es Ihnen danken, wenn Sie seinen Liebsten bzw. seine Liebste mit Freundlichkeit und Respekt aufnehmen.

3. *Bieten Sie der jungen Liebe eine Art Schonraum.*

Drücken Sie dem jungen Pärchen nicht etwa ständig ein jüngeres Geschwisterkind aufs Auge, sondern ermöglichen Sie ihm möglichst oft, sich gemeinsam zurückzuziehen. Frisch verliebte Jugendliche haben nun mal oft das Bedürfnis, miteinander alleine zu sein. Es gibt schließlich viel zu reden und die Teenager wollen in Ruhe knutschen. Spätestens ab jetzt hat man an der Zimmertür zu klopfen, bevor man eintritt.

Den Jugendlichen einen Schonraum zu gewähren, bedeutet auch, das gemeinsame Übernachten zu Hause zu erlauben, wenn Sie die beiden für reif genug halten. Natürlich sollte die Frage mit den Verhütungsmitteln hinreichend geklärt und besprochen sein.

Apropos Sex: Früher war es üblich, den Kindern den Sex im eigenen Haus zu untersagen. Der Effekt war dann oft, dass die Jugendlichen es woanders »trieben«, im Auto oder draußen. Denn wenn beide wirklich wollen, werden sie es tun, zur Not eben woanders. Es liegt auf der Hand, dass der erste Sex in einer ungemütlichen Location nicht sonderlich romantisch ist und den noch unerfahrenen Jugendlichen wenig Sicherheit bietet. Insofern ist es mittlerweile eher üblich, den Teenagern das gemeinsame Übernachten zu ermöglichen.

4. *Prüfen Sie Ihre eigenen Gefühle.*

Was löst das junge Pärchen bei Ihnen aus? Wehmut? Freude? Traurigkeit? Neid? Alles durcheinander? Das ist normal. Wichtig ist nur, dass Sie Ihre Gefühle nicht an dem Teenager »auslassen«, indem Sie ihm z.B. etwas untersagen, weil Sie insgeheim neidisch auf sein junges Glück sind. Auch wenn wir uns solche Gefühle oft nicht eingestehen, so gibt es sie dennoch. Je ehrlicher wir uns selbst gegenüber sind, desto klarer können wir unsere Gefühle von denen des Kindes trennen. Wenn Sie die »Schmetterlinge im Bauch« also vermissen, lassen Sie das nicht Ihr Kind spüren, sondern machen Sie sich auf den Weg, Ihre eigene Liebe und Erotik wiederzubeleben. Ist doch eine gute Idee, oder?

5. *Machen Sie nicht zu sehr auf »Kumpel« oder »beste Freundin«.*
Prima, wenn Sie sich mit der Freundin bzw. dem Freund verstehen. Halten Sie aber auch eine gute Portion Distanz. Tun Sie nicht so, als seien Sie die beste Freundin, denn das können Sie nicht sein. Jugendliche finden es auch manchmal peinlich oder unangenehm, wenn Erwachsene so tun, als seien Sie selbst »hipp« und »cool«. Achten Sie also auf die Generationengrenzen.

6. *Wenn es Probleme mit der ersten Liebe gibt: Wie können Sie helfen, was sollten Sie lassen?*
Erster Liebeskummer oder Beziehungsprobleme lassen sich nicht vermeiden. Fangen Sie bloß nicht an, mit Ihrem Teenager über seinen Freund bzw. seine Freundin herzuziehen. Und schon gar nicht, mit dem Partner des Kindes über Ihr Kind zu sprechen. Das geht in der Regel schief. Halten Sie sich möglichst heraus und beziehen Sie eine möglichst allparteiliche Position. Das ist nicht immer leicht, weil das eigene Kind uns emotional nähersteht. Das heißt aber nicht, dass es sich in einer Freundschaft oder ersten Partnerschaft immer korrekt verhält, das geht gar nicht. Kein Mensch ist unfehlbar. Auch hier gilt: Die Kinder müssen ihre Erfahrungen selber machen, erste Partnerschaftskonflikte gehören dazu.
Natürlich sollten Sie Ihr Kind unterstützen, wenn es traurig oder frustriert ist. Manchmal braucht es vielleicht Trost, eine Umarmung oder eine Ermutigung. Hier ist es wichtig, Fingerspitzengefühl zu beweisen. Auf den Freund / die Freundin zu schimpfen und ihm/ihr die Schuld in die Schuhe zu schieben, ist nicht sehr hilfreich.

7. *Wenn es auseinandergeht – was tun?*
Wenn die erste Beziehung Ihres Kindes auseinandergeht, ist das für die Beteiligten oft ein sehr schmerzhafter Prozess. Auch hier braucht Ihr Teenager manchmal Unterstützung. So kann es hilfreich sein, einfach nur zuzuhören, was Ihnen Ihr Kind erzählt. Es sollte Ihnen sein Herz ausschütten können, ohne dass Sie sofort kluge Ratschläge parat haben. Zeigen Sie Verständnis für seinen Kummer, aber reden Sie ihm seinen Schmerz nicht aus. Es ist schwierig, das eigene Kind

leiden zu sehen. Das sollte uns aber nicht dazu verleiten, diesen Schmerz »wegmachen« zu wollen. Auch Sprüche wie *»Das geht schon wieder vorbei«* oder: *»Auch andere Mütter haben schöne Töchter/Söhne«* kommen eher hilflos als hilfreich rüber.

Trösten oder was? Wenn das Kind Kummer oder Sorgen hat

Für viele Eltern ist es schwer auszuhalten, wenn es dem eigenen Kind nicht gut geht. Schließlich wünscht man sich doch, dass es fröhlich und optimistisch durchs Leben geht, dass es stark und glücklich ist. Doch das Leben ist oft anders, vor allem in der Pubertät. Teenager sind aufgrund ihres Reifungsprozesses manchmal irritiert, manche leiden unter diffusem Weltschmerz, mangelndem Selbstwertgefühl oder Liebeskummer. Das ist angesichts der vielen Aufgaben, die sie nun erledigen müssen, nicht sonderlich erstaunlich. Die Seele ist verwundbar, das Ich ist noch nicht stabil. Frust und Traurigkeit gehören zur Pubertät dazu.

Was Sie tun können, wenn Ihr Kind Kummer hat

1. *Eltern tun gut daran, den Jugendlichen ihren Kummer zu lassen.*
Es hilft nichts, ihnen die Traurigkeit ausreden zu wollen (*»Mensch, sei doch nicht so traurig, die Sonne scheint doch!«*). Im Gegenteil: Es sorgt eher noch für das Gefühl, nicht verstanden zu werden. Auch hier gilt: *Nehmen Sie Ihr Kind so an, wie es gerade ist.* Es wird einen Grund dafür haben, sich so zu fühlen, wie es sich gerade fühlt. Ob Sie diesen Grund kennen oder nicht, spielt dabei keine Rolle.
2. *Beschönigen Sie nichts (»Ach was, das ist doch gar nicht so schlimm!«).*
Reden Sie seinen Kummer nicht klein, auch wenn es Ihnen nicht in den Kopf will, was jetzt gerade so dramatisch sein soll. Ihr Kind empfindet das nun mal so, und das gilt es zu akzeptieren.
3. *Ertragen Sie die Gefühle Ihres Kindes.*
Ihr Kind darf traurig sein und muss diese Traurigkeit nicht sofort wegmachen. Wenn Kinder lernen, dass Eltern unter ihrer Traurigkeit leiden, werden sie sie schnell verleugnen und »einen auf fröhlich machen«. So verlernen Kinder, auf ihre Gefühle zu achten und mit ihnen angemessen umzugehen.
4. *Geben Sie keine Ratschläge.*
Verkneifen Sie sich kluge Tipps und Ratschläge. Das Kind ist kompetent und kann mit seinem Kummer umgehen. Manchmal braucht es

eben etwas Zeit. Wenn Sie aber das Gefühl haben, Ihrem Kind etwas Wichtiges sagen zu müssen, dann bitten Sie es vorher um Erlaubnis: *»Ich würde dir mal gerne einen Vorschlag machen, ist das okay?«* oder: *»Ich habe da eine Idee, möchtest du sie mal hören?«* Akzeptieren Sie auf jeden Fall, wenn Ihr Kind diesen Ratschlag nicht gut findet oder Ihre Idee nicht umsetzen möchte.

5. *Seien Sie einfach für Ihr Kind da.*
Wenn Ihr Kind dies zulässt, umarmen Sie es. Manchmal reicht es auch, ihm den Arm zu streicheln oder sich einfach auf die Bettkante zu setzen. Achten Sie hier auf die Signale Ihres Kindes: Was kann es annehmen, was mag es nicht? Oft sind es die kleinen Gesten der Aufmerksamkeit und Zuwendung, die uns helfen, wenn wir bekümmert sind.

Wir brauchen jemanden, der uns beisteht. Aber niemanden, der sich an unserer Seite als Besserwisser aufplustert und meint, er habe die Lösung für alle Probleme parat. Theodor W. Adorno hat dazu einen schönen Satz gesagt: *»Geliebt wirst du einzig, wo du schwach dich zeigen darfst, ohne Stärke zu provozieren.«*[11]

Hilfe zur Selbsthilfe: Dem Jugendlichen bei der Lösung eines Problems helfen

Natürlich tauchen in der Pubertät Probleme auf. Ein Problem ist laut Definition eine Aufgabe, deren Lösung mit Schwierigkeiten verbunden ist. Es kann sich dabei um *tatsächliche,* also *faktische* Schwierigkeiten handeln. Oder aber es geht um *gefühlte* Schwierigkeiten, etwa wenn ein Jugendlicher sich in einem inneren Konflikt befindet (z. B. *»Bleibe ich eine loyale Freundin oder küsse ich den Jungen, in den meine beste Freundin verliebt ist?«*).

Ein Problem erfolgreich zu lösen heißt, diese Schwierigkeiten zu bewältigen, um aus einer als unbefriedigend oder schwierig erlebten Situation eine befriedigendere Situation zu machen. Es geht also darum, eine positive Veränderung herbeizuführen oder aber – wenn keine positive Veränderung möglich ist – einen Weg zu finden, mit den Gegebenheiten besser umzugehen.

Häufige Probleme in der Pubertät sind Liebeskummer, Selbstwertprobleme, Unzufriedenheit mit dem Aussehen, Schulprobleme, Konkurrenzsituationen mit der Freundin / dem Freund, Eifersucht etc. Manche Jugendliche leiden unter Einsamkeit oder Schüchternheit und fühlen sich in eine Außenseiterposition gedrängt, manche werden sogar systematisch drangsaliert (»gemobbt«). Andere Jugendliche wiederum sind seelisch hochgradig irritiert, bewegen sich auf unsicherem Terrain, wissen nicht, was sie wollen oder sehen alles schwarz. Bei all diesen Themen können Sie eines tun: Ihrem Kind freundlich und geduldig zur Seite stehen.

Des Weiteren sollten Sie folgende Punkte beherzigen:

1. *Spielen Sie das Problem nicht herunter. Dramatisieren Sie das Problem aber auch nicht.*
   Was der eine Mensch als großes Problem erlebt, kann für einen anderen eine belanglose Kleinigkeit darstellen. Wenn Ihren Jugendlichen also etwas bedrückt, nehmen Sie das auch dann ernst, wenn Sie selbst den Grund als »Peanuts« empfinden.
   Auch wenig hilfreich ist es, demonstrativ die Hände über dem Kopf zusammenzuschlagen und alles »gaaanz furchtbar« zu finden. Das vermittelt Ihrem Kind eher das Gefühl, dass seine Sorgen katastrophal und schier unlösbar seien.

2. *Erfragen Sie die mit dem Thema verbundenen Gefühle.*
   Ein Problem kann man selten ausschließlich auf der sachlichen Ebene besprechen. Immer geht es auch um die damit verbundenen Gefühle, die man unbedingt ernst nehmen und thematisieren sollte. *»Wie geht es dir damit?«* – *»Was findest du denn am schwierigsten/ärgerlichsten/ traurigsten ... daran?«* So oder so ähnlich könnten entsprechende Eingangsfragen lauten.

3. *Akzeptieren Sie die mit dem Problem verbundenen Gefühle des Jugendlichen und gehen Sie darauf ein.*
   Zeigen Sie Verständnis. Für jemanden, der traurig oder ratlos ist und vor einem Problem steht, ist es oft sehr hilfreich, sich verstanden oder zumindest gesehen zu fühlen. Aus diesem Gefühl heraus entsteht dann wiederum Selbstbewusstsein, das Problem anzupacken und seine eigenen Interessen zu vertreten. Sich verstanden zu fühlen macht Mut.

4. *Erteilen Sie möglichst keine Ratschläge.*
   Auch hier gilt: Geben Sie Ihrem Kind keine Tipps, wie es das Problem am besten zu lösen hätte. Besonders Väter haben da oft schon vorgefertigte Rezepte im Kopf, wie man Hindernisse am besten aus dem Weg räumt. *»Das ist doch ganz klar: Da musst du einfach mal hingehen und ...«* In der Regel ist es aber hilfreicher, sich mit solchen Patentrezepten zurückzuhalten. Schließlich muss der Jugendliche eigene Ideen entwickeln, wie er seine Probleme lösen kann.

5. *Versuchen Sie nicht, das Problem für Ihr Kind zu lösen.*
Besonders wenn das Problem andere Kinder oder die Schule betrifft, sind manche Mütter oder Väter geneigt, gleich zum Telefonhörer zu greifen und sich zu beschweren oder das Problem für das Kind lösen zu wollen. Machen Sie das aber wirklich nur, wenn es nicht anders geht. Eigentlich sollten Jugendliche ihre Probleme selbst anpacken.
6. *Fragen Sie, ob und wie Sie Ihrem Kind helfen können.*
Wenn Sie das Gefühl haben, dass Ihr Kind allein nicht weiterkommt, dann können Sie es fragen, ob Sie es unterstützen können, und wenn ja, wie. Lassen Sie sich aber nicht dazu einspannen, etwas zu übernehmen, was Ihre Tochter bzw. Ihr Sohn selber machen könnte. Bieten Sie z. B. an, ihr bzw. ihm bei der Entwicklung einer individuellen Problemlösungsstrategie zu helfen.
7. *Akzeptieren Sie die Art, wie Ihr Kind das Problem lösen möchte.*
Wie jemand Probleme löst, hängt sehr von seinem Charakter und seinen bisherigen Lebenserfahrungen ab. Manche Teenager gehen Probleme schnell, direkt und offensiv an. Andere warten erst eine Weile und lassen sich Zeit, bevor sie etwas unternehmen. Akzeptieren und würdigen Sie die Art, wir Ihr Kind Probleme angeht, auch wenn Sie es anders machen würden.
8. *Seien Sie nachsichtig, wenn Ihr Kind das Problem (noch) nicht richtig lösen konnte.*
Wenn es ein Problem eher ausgesessen hat oder auf seine Weise (noch) nicht lösen konnte, so bedenken Sie bitte: *Ihr Kind ist noch jung und muss verschiedene Verhaltensweisen ausprobieren können, um daraus zu lernen – für das nächste Mal.*

So helfen Sie Ihrem Kind, sein Problem selbst zu lösen

- *Schritt 1: Überlegen Sie genau, um wessen Problem es sich handelt.*
Hat wirklich das Kind ein Problem? Oder sieht z. B. ein Lehrer ein Problem, Ihr Kind empfindet es aber gar nicht als solches?
- *Schritt 2: Analysieren Sie gemeinsam die Situation bzw. das Problem.*
Wenn das Kind tatsächlich ein Problem hat und es auch als solches empfindet, helfen Sie ihm in einem ruhigen Gespräch, das Problem einzukreisen, also zu *fokussieren*:
 – *»Worum geht es genau?«*
 – *»Was ist geschehen?«*
- *Schritt 3: Fragen Sie Ihr Kind nach seinem Leidensdruck.*
Fragen Sie, was Ihr Kind am meisten daran ärgert, quält etc.

- *»Was ärgert/belastet/beschäftigt dich denn am meisten?«*
- *»Was genau ist jetzt für dich das Schwierigste daran?«*
- **Schritt 4: Klären Sie das Ziel.**
  Fragen Sie Ihr Kind:
  - *»Was ist dein Ziel, was willst du erreichen?«*
  Erarbeiten Sie gemeinsam ein Ziel. Dazu ist es wichtig, nicht nur das Problem »weghaben« zu wollen, sondern ein positives und realistisches Zukunftsszenario zu entwickeln. Der Wunsch *»Es muss wieder so sein wie vorher«* ist eine Verleugnungsstrategie, kein erreichbares Ziel.
- **Schritt 5: Legen Sie gemeinsam eine erste »Maßnahme« fest.**
  Hierbei sind folgende Überlegungen hilfreich:
  - *Was könntest du tun, um das Ziel zu erreichen?*
  - *Was könnte der erste Schritt in diese Richtung sein?*
  Fragen Sie bei Gelegenheit nach, wie es sich entwickelt hat. Zeigen Sie sich weiterhin interessiert. Damit signalisieren Sie, dass Sie Ihrem Kind die Lösung seines Problems zutrauen.

Probleme spielerisch angehen: 10 Fragen an kreative Köpfe

Probleme zu lösen muss nicht immer anstrengend und nervtötend sein, sondern es kann auch Spaß machen und inspirierend sein. Gehen Sie das Problem Ihres Kindes doch mal spielerisch an. Stellen Sie Ihrem Teenager dafür eine oder mehrere der folgenden Fragen:

1. Stell dir vor, es würde nachts ein Wunder geschehen und alle deine Probleme hätten sich in Luft aufgelöst. Woran würdest du merken, dass dieses Wunder geschehen wäre?
2. Was müsstest du tun, damit das Problem noch schlimmer wird?
3. Was könnten wir Eltern tun, damit das Problem schlimmer wird?
4. Was würdest du einem Freund raten, der dieses Problem hat?
5. Wenn das Problem sprechen könnte, was würde es dir sagen?
6. Wo in deinem Körper spürst du das Problem? Und wie würde es sich anfühlen, wenn es gelöst wäre?
7. Wenn eine Fee käme und du drei Wünsche frei hättest, was würdest du dir wünschen?
8. Was wirst du in 10 Jahren rückblickend über deine jetzige Lebenssituation sagen?
9. Welchen Vorteil hast du durch dein Problem?
10. Wenn dein Problem ein Bild wäre, wie würde es aussehen? Hast du Lust, es aufzumalen?

Wenn Jugendliche leiden: Psychische Irritationen erkennen

Jugendliche sind aufgrund der vielfältigen Entwicklungsaufgaben, die sie nun zu bewältigen haben, psychisch leicht irritierbar. Folgende Warnzeichen sollten Sie unbedingt ernst nehmen:

- Anhaltende, übertriebene Gewichtskontrolle (auch bei Normalgewichtigkeit),
- wiederkehrende heftige Essattacken mit Gewichtzunahme oder ohne,
- anhaltendes Verweigern oder konsequentes Reduzieren der Nahrung mit starkem Gewichtsverlust,
- extreme sportliche Aktivitäten mit Suchtcharakter und dem Ziel des Muskelaufbaus (bes. bei Jungen),
- anhaltender sozialer Rückzug, radikale Abkehr von Hobbys oder Freunden,
- massive Schlafstörungen über einen längeren Zeitraum hinweg,
- ständige oder häufige bleierne Müdigkeit, bis zur Apathie gehende Teilnahmslosigkeit,
- zwanghaftes Verhalten, z. B. ständiges Kontrollieren, Händewaschen, Duschen etc.,
- selbstverletzendes Verhalten, wie etwa wiederholtes Ritzen, oder hochriskantes Verhalten,
- regelmäßiger überzogener Alkoholkonsum, Drogenkonsum,
- häufige merkwürdig, verdreht oder extrem »schräg« anmutende Gedankengänge oder Ideen,
- »Versinken« in virtuellen Welten, während das reale Leben weitgehend unwichtig zu werden scheint,
- heftige, nicht nachvollziehbare Angstattacken und/oder Wutausbrüche,
- anhaltende Niedergeschlagenheit und Antriebslosigkeit,
- anhaltende Überdrehtheit mit stark erhöhter Risikobereitschaft,
- direkt oder indirekt geäußerter Wunsch, sich das Leben zu nehmen.

Sollte Ihr Kind eines oder sogar mehrere dieser Symptome aufweisen, empfiehlt sich der Besuch bei einer Kinder- und Jugendlichenpsychotherapeutin bzw. einem -psychotherapeuten.

Autonomie fördern. Und warum es nicht um Abschied geht

Viele Eltern fürchten sich vor der Phase, in der das Kind beginnt, sich von ihnen abzulösen. Kein Wunder, schließlich haben sie sich jahrelang um den Sohn oder die Tochter intensiv gekümmert, ihn oder sie begleitet und beschützt. Sie lieben ihr Kind und hängen an ihm. Und nun macht es sich immer unabhängiger, braucht die Eltern bald nicht mehr? Dieser Gedanke ist schmerzlich. Doch keine Bange: Sie werden Ihr Kind nicht verlieren! Es geht nicht darum, dass Ihr Kind sich von Ihnen löst und sich dann anschließend von Ihnen abwendet. Die meisten jungen Erwachsenen wünschen sich weiterhin Kontakt zu ihren Eltern und pflegen diesen auch. Allerdings muss bis dahin die Eltern-Kind-Beziehung gründlich umgemodelt worden sein. Und genau das geschieht in der Pubertät und im frühen Erwachsenenalter.

Wie schon erwähnt, muss der Jugendliche aus seiner Kinderrolle herauswachsen. Diesen Prozess sollten Eltern nicht nur passiv erdulden, sondern aktiv unterstützen, indem sie das Kind auch bewusst aus seiner Kinderrolle entlassen. Dazu gehört, die Autonomiebestrebungen des Kindes ernst zu nehmen und diesen Genüge zu tun. Und dazu gehört ebenso, das eigene »Erziehungs«verhalten dem Alter des Kindes anzupassen.

Das anzustrebende Ziel ist dann eine gleichberechtigte Beziehung auf Augenhöhe. Diese Beziehung kann sehr bereichernd und lebendig sein. Freuen Sie sich darauf, es wird eine spannende Zeit! Und es macht glücklich, erwachsene Kinder zu haben, die ihren eigenen Weg gehen und ihr Leben zu gestalten wissen.

So fördern Sie die Autonomie Ihres Kindes

Man unterscheidet in der Entwicklungspsychologie vier Formen von Unabhängigkeit, die der junge Mensch erreichen soll:

1. *Der Jugendliche muss lernen, sich emotional von seinen Eltern abzugrenzen.*

Je besser ihm das gelingt, desto unabhängiger ist er dann von der Wertschätzung und Anerkennung seiner Eltern. Ein emotional (einigermaßen) unabhängiger Mensch ist nicht darauf angewiesen, dass andere sein Tun und Lassen »absegnen«, und kann so eigenverantwortliche Entscheidungen treffen. Zweifellos muss er dafür aber auch die Verantwortung tragen.

Sie können die Entwicklung der emotionalen Unabhängigkeit Ihres Kindes fördern, indem Sie ihm immer mehr eigene Entscheidungen zugestehen und diese respektieren. Und zwar auch dann, wenn Sie eine andere Entscheidung gut gefunden hätten. Überlegen Sie genau, an welchen Punkten Sie Ihrem Jugendlichen Entscheidungsfreiraum lassen und wo nicht. (Denn natürlich sind Sie noch eine Weile verantwortlich für Ihr Kind und müssen für sein Wohl sorgen.)

2. *Der Jugendliche muss funktionell unabhängig werden.*
Das heißt, er muss lernen, seinen Alltag selber zu regeln, z. B. alleine aufstehen, sich das Frühstück machen, Wäsche waschen, Busverbindungen heraussuchen, Verabredungen treffen, sich um Behördenangelegenheiten und Arztbesuche kümmern usw. Die funktionelle Unabhängigkeit Ihres Kindes unterstützen Sie am besten, indem Sie sich aus der mütterlichen Rundumversorgung zurückziehen. Überlassen Sie Ihrem Kind immer mehr kleinere Arbeiten, zeigen Sie ihm, wie man kocht und die Waschmaschine anstellt usw.

3. *Jugendliche müssen ein eigenes Wertesystem entwickeln. Dieses wird sich zum Teil mit Werten aus dem Elternhaus decken, aber auch andere, neue Werte integrieren.*
Sie können diese sogenannte wertemäßige Unabhängigkeit Ihres Kindes fördern, indem Sie sich »entidealisieren« lassen. Dazu gehört zuzulassen, dass Ihr Kind Sie bzw. Ihr Verhalten in Frage stellt, kritisiert und eine andere Position einnimmt. Das ist für Eltern nicht immer angenehm, für Jugendliche aber nötig, um sich ein eigenes Bild von der Welt machen zu können.

4. *Jugendliche müssen versuchen, bestehende Konflikte mit den Eltern zu lösen und zu überwinden.*
Je tiefer diese Konflikte liegen und je gravierender sie sind, desto schwieriger und langwieriger kann dieser Prozess werden. Besonders schwer zu bearbeiten sind naturgemäß unbewusste Konflikte, die Jugendliche aus Loyalitäts- oder anderen Gründen nicht fühlen dürfen und die sie deshalb dauerhaft unterdrücken müssen. Solche inneren Konflikte kommen oft – wenn überhaupt – erst in späteren Lebensjahren ans Licht. Wenn das erwachsen werdende Kind seinen Eltern gegenüber keine übermäßigen Wut-, Angst-, Schuld- oder Verantwortungsgefühle empfindet, spricht man von einer konfliktmäßigen Unabhängigkeit.
Sie können Ihrem Kind dabei helfen, konfliktmäßig unabhängig zu werden, indem Sie sich
– mit ihren eigenen (inneren) Konflikten beschäftigen, und
– indem Sie sich den Konflikten mit Ihrem Kind stellen.

Loslassen lernen: 10 Tipps

Spätestens wenn Ihr Kind Ihnen an den Kopf wirft: »*Du behandelst mich, als wäre ich 3 Jahre alt!*«, sollten Sie versuchen, andere Verhaltensweisen als die bisher gewohnten auszuprobieren.

Dabei helfen folgende Tipps:

1. *Gewöhnen Sie sich daran, dass Sie nicht immer wissen, was Ihr Kind macht und wie es ihm geht.*

   Je älter und eigenständiger Ihr Teenager wird, desto weniger Kontrolle haben Sie über das Leben Ihres Kindes. Geben Sie sich selbst die Erlaubnis, nicht immer alles wissen zu müssen. Und erlauben Sie Ihrem Kind, Geheimnisse zu haben.

2. *Halten Sie sich mit Kontrollfragen zunehmend zurück.*

   »*Wie war die Schule?*« – »*Was sagt der Lehrer?*« – »*Wem schreibst du gerade?*« Dies manchmal zu fragen ist okay, aber wenn es zu viel wird, fühlen sich Jugendliche bedrängt und ausgefragt.

3. *Muten Sie Ihrem Kind mehr Aufgaben zu.*

   Ranzen packen? Nie und nimmer! Hausaufgaben kontrollieren? Nur im Notfall. Wäsche waschen? Immer seltener.

   Erlauben Sie sich, Nein zu sagen, wenn Ihr Kind etwas einfordert, das es problemlos selbst erledigen kann. Natürlich ist es bequemer, wenn Mama es mit dem Auto hin- und herkutschiert. Aber warum, wenn es doch Busse und Fahrräder gibt?

4. *Geben Sie Ihrem Kind immer weniger Anweisungen.*

   Ihr Jugendlicher möchte die Welt nun selbst erobern. Dazu gehört auch, eigene Ideen zu entwickeln und eigene Entscheidungen zu treffen.

5. *Halten Sie sich aus den Schulangelegenheiten soweit wie möglich heraus.*

   Besonders wenn Ihr Kind gewohnt war, dass Sie ihm bei den Hausaufgaben immer über die Schulter geschaut oder ihm den Ranzen gepackt haben, wird es vielleicht anfangs Schwierigkeiten haben, ab jetzt an alles selbst denken zu müssen. Bieten Sie hier eine Übergangslösung an und klären Sie Ihr Kind rechtzeitig über die anstehenden Neuerungen auf.

6. *Halten Sie sich mit Bewertungen und Beurteilungen möglichst zurück.*

   Schräge Frisur? Komische Klamotten? Na und? Nehmen Sie die Veränderungen und stylischen Vorlieben Ihres Teenagers einfach zur Kenntnis. Streng verboten ist, sich über etwas lustig zu machen! Das kränkt. Außerdem zählt unsere Meinung jetzt eh nicht mehr. Wir sind schließlich – in den Augen der Teenager –»alt« und »out«!

7. *Lassen Sie Ihren Teenager öfter mal selbst bestimmen, wann er nach Hause kommen möchte.*
Intervenieren Sie erst, wenn Sie das Gefühl haben, dass Ihr Kind zu sehr über die Stränge schlägt. Normalerweise wissen Jugendliche ganz gut, welche Ausgehzeiten angemessen sind. Geben Sie ihm die Möglichkeit, das für sich selbst auszuprobieren. Wenn Ihr Kind noch sehr jung ist, geben Sie einen Zeitrahmen vor, innerhalb dessen es selbst entscheiden kann (etwa: *»Komm bitte zwischen 18 und 20 Uhr«*).

8. *Übergeben Sie Ihrem Teenager die Verantwortung für seine Schulleistungen.*
Sie sind für seine schlechten Schulleistungen ebenso wenig verantwortlich wie für die guten. Sowohl Erfolg als auch Misserfolg muss bzw. darf der Jugendliche nun ganz allein auf sein Konto buchen. Natürlich können Sie Ihr Kind trösten, wenn es enttäuscht ist. Und Sie können Ihre Anerkennung ausdrücken, wenn es eine gute Note geschrieben hat. Zu schimpfen oder zu moralisieren brauchen Sie allerdings nicht.

9. *Mischen Sie sich möglichst wenig in Freundschaftsangelegenheiten Ihres Kindes ein.*
Meckern Sie nicht an den Freunden herum und intervenieren Sie möglichst nicht, wenn es Krach oder Stress gibt. Eigentlich regeln das Jugendliche meistens ganz gut unter sich. Stehen Sie aber als Ansprechpartner im Hintergrund zur Verfügung, wenn Ihr Kind doch mal Hilfe braucht.

10. *Lassen Sie Ihr Kind seine Kleidung alleine kaufen oder überlassen Sie ihm beim gemeinsamen Shoppen das Entscheidungsrecht.*
Mitreden sollten Sie allerdings beim Budget: Hier müssen Sie klare Ansagen machen, wenn Sie die Kosten tragen.

Fünf Fragen, die Sie sich stellen sollten, wenn Ihnen das Loslassen schwerfällt

1. *Haben Sie Angst?*
– Wenn ja: Wovor?
– Was ist Ihre schlimmste Sorge?
– Ist diese realistisch?
– Wo könnte diese Sorge herkommen?

2. *Wie gehen Sie mit Abschied und Trennung um?*
   - Welche Erfahrungen haben Sie in Ihrem bisherigen Leben mit diesem Thema gemacht?
   - Was für Gefühle lösen diese Begriffe bei Ihnen aus?
   - Wie ist man in Ihrer Herkunftsfamilie damit umgegangen?
3. *Beziehen Sie aus der Erziehung Ihres Kindes viel Bestätigung, Sicherheit und Selbstwertgefühl?*
   - Wo bekommen Sie noch Bestätigung in Ihrem Leben?
   - Wie könnten Sie dafür sorgen, dass Sie noch woanders Sicherheit erleben?
4. *Wie geht es Ihnen derzeit in Ihrer Partnerschaft?*
   - Was läuft gut?
   - Was fehlt Ihnen?
   - Was könnten Sie tun, um Ihre Partnerschaft zu beleben und zu intensivieren?
5. *Was bräuchten Sie, um das Loslassen Ihres Kindes besser bewältigen zu können?*
   - Wer könnte Ihnen dabei behilflich sein?
   - Welchen ersten Schritt könnten Sie heute schon tun?

Herausforderungen meistern
Konflikte mit Jugendlichen lösen

»Lass mich in Ruhe!« – *»Du hast mir gar nichts mehr vorzuschreiben!«* – *»Schule ist so was von doof. Ich mache keine Hausaufgaben, ich bin doch nicht bekloppt!!«* Streiten auch Sie oft mit Ihrem Kind? Viele Eltern von Teenagern klagen über Stress und Streit. Und in der Tat: Konflikte zwischen Eltern und ihren pubertierenden Kindern sind wahrlich keine Rarität. Die gute Nachricht ist: Wenn Ihr Kind sich mit Ihnen anlegt, dann ist das zunächst ein positives Zeichen. Warum? Ganz einfach: Es hat Vertrauen zu Ihnen. Es mutet sich Ihnen zu. Es tut etwas für seine Entwicklung. Es kämpft um etwas. All das ist nötig und hilfreich.

Ein gewisses Maß an Reibereien ist also nahezu unvermeidbar. Das liegt – wie bereits geschildert – daran,

- dass die Autonomiebestrebungen des Jugendlichen oft nicht mit den Erziehungsvorstellungen der Eltern kompatibel sind,
- dass die Ambivalenzen des Jugendlichen nach außen abstrahlen und bei den Eltern auch ambivalente, gegensätzliche Gefühle provozieren,
- dass die Bedürfnisse der einzelnen Familienmitglieder miteinander kollidieren, und
- dass sich der Jugendliche durch Streit von Mama und Papa innerlich distanzieren kann. (*Man kann es nicht oft genug sagen: Diese Distanzierung ist kein plötzlich eingetretener Verlust an Zuneigung, sondern ein notwendiger Prozess, um mehr Raum für die eigenen Entwicklungsschritte zu gewinnen.*)

Schön und gut, werden Sie jetzt sagen, aber muss das denn immer gleich so heftig sein? Jein. Manche Alltagsstreitigkeiten mit Jugendlichen lassen sich rasch klären. Andere wiederum wiederholen sich, zerren an den Nerven oder eskalieren sogar. Was tun? Viele Eltern sind ratlos, wenn Sie merken, dass die gewohnten Konfliktlösungsstrategien nun nicht mehr ziehen. Je älter Jugendliche werden, desto weniger sind sie naturgemäß bereit, sich dem Willen der Eltern zu beugen und deren »Befehlen« zu folgen. Sie wollen mehr Entscheidungen selbst treffen, ihr Leben selbst in die Hand nehmen, mehr Freiraum haben, »anders« sein. Eltern scheinen dabei (vorübergehend) mehr zu stören, als zu helfen. Doch das ist nur die halbe Wahrheit. Denn Teenager brauchen ihre Eltern auch zum Streiten, zum »Sich-an-ihnen-Reiben«: Nur in der Auseinandersetzung mit reifen, zugewandten und vertrauten Menschen kann sich der Jugendliche selbst finden, seine eigene Identität ausformen. Meinungsverschiedenheiten, Machtkämpfe und Streitereien sind dazu hervorragend geeignet. Also: Keine Angst vor Kontroversen und Konflikten! Nutzen Sie diese Chance, um mit Ihrem Jugendlichen eine intensive Zeit zu verbringen. Es mag zwar manchmal anstrengend sein, der Aufwand wird sich aber lohnen.

Typisch Teenager: Was tun, wenn ...?

Es gibt ein paar »klassische« Konfliktsituationen, die im Umgang mit Teenagern oft vorkommen. Die Wichtigsten sind in der folgenden Tabelle dargestellt – zusammen mit ein paar Tipps, wie Sie sich am besten in solchen Situationen verhalten.

Auf einen Blick: Was tun, wenn...?

Was tun, wenn die Tocher / der Sohn ...	Tipp
... gelogen hat?	• Bleiben Sie möglichst ruhig, machen Sie Ihrem Kind keine Vorwürfe und moralisieren Sie nicht. Es schämt sich sicherlich ohnchin schon deswegen. • Versuchen Sie, die Umstände zu verstehen, die zu dem »Flunkern« geführt haben. Was könnte das Motiv gewesen sein? Hatte es Schuldgefühle? Oder Angst vor Strafe oder Liebesentzug? Hat es sich etwas ausgedacht, um Verbote zu umgehen? • Ziehen Sie entsprechende Konsequenzen: Überdenken Sie etwa, ob Sie die Verbote lockern oder anderweitig dafür sorgen können, dass das Lügen nicht mehr notwendig ist. • Verzeihen Sie Ihrem Kind und geben Sie ihm wieder Vertrauensvorschuss. Werden Sie jetzt nicht grundsätzlich misstrauisch, das belastet die Beziehung.

Was tun, wenn die Tocher / der Sohn ...	Tipp
... sich nicht an Regeln hält?	• Jugendliche kämpfen auch um ihre Autonomie und fühlen sich schnell eingeengt, wenn ihnen Grenzen gesetzt werden. Um dann für ihr (gefühltes) »Recht« einzutreten, ist ihnen fast jedes Mittel recht. Gesetzte Regeln zu überschreiten gehört dazu. • Sagen Sie klar, was Sie von Ihrem Kind erwarten (nicht, was Sie schlimm oder schlecht finden!). • Treten Sie in Verhandlung mit Ihrem Kind und finden Sie eine gemeinsame Lösung, was Regeln und Verbote betrifft. Vereinbaren Sie Konsequenzen, für den Fall, dass das Kind die Verabredung nicht einhält.
... sein Zimmer nicht (oder selten) aufräumt?	• Überlegen Sie, wie wichtig es Ihnen ist, dass das Zimmer aufgeräumt ist: Wie viel Entscheidungsfreiraum wollen Sie Ihrem Kind diesbezüglich einräumen? Es ist ja immerhin *sein* Zimmer, über das es selbst bestimmten möchte und sollte. (Beispiel: *»Ich habe nichts dagegen, dass es unordentlich ist, aber Chipskrümel und Staubmäuse müssen entfernt werden!*«) Eltern kämpfen oft einen »Sisyphuskampf« gegen die Unordnung ihres Kindes. Überlegen Sie gut, wie viel Kraft und Energie Sie auf dieses Thema verwenden wollen.
... »zu viel« vor dem PC, der Spielekonsole oder am Smartphone hängt?	• Machen Sie sich klar, dass Handy und Internet mittlerweile die wichtigsten Kommunikationskanäle für Jugendliche geworden sind. • Wenn Ihr Kind viel spielt, gleich ob Apps, PC-Spiele oder mit der Spielekonsole, so lassen Sie sich zeigen, was es spielt. Oder spielen Sie mal am besten mit. • Wenn Sie glauben, dass Ihr Kind Suchttendenzen zeigt (etwa zu essen vergisst, Freunde verliert, Hobbys aufgibt, sich deutlich wohler in der virtuellen Welt fühlt als in der realen), sollten Sie eine Beratungsstelle aufsuchen. In der Regel allerdings lässt die Begeisterung für »Egoshooter« und Co. nach einer Weile wieder nach.
... zu rauchen beginnt?	• Stellen Sie klare Regeln auf, was das Rauchen angeht, z. B. nicht im Haus etc. Reden Sie mit Ihrem Kind, aber setzen Sie es nicht zu sehr unter Druck, das könnte eher den gegenteiligen Effekt haben. • Manche Kinder probieren es eine Weile und geben es dann bald wieder auf. Mit generellen Verboten ist hier nichts gewonnen.

Was tun, wenn die Tocher / der Sohn ...	Tipp
... Alkohol trinkt?	• Irgendwann wird Ihr Kind sicher Alkohol ausprobieren. Sprechen Sie mit ihm rechtzeitig über die Gefahren des »Koma-Saufens«. • Sollte es dennoch einmal betrunken nach Hause kommen, überziehen Sie es nicht mit Vorwürfen. Jugendliche verschätzen sich oft, was die Wirkung von Alkohol angeht, und lernen dann aus dieser Erfahrung.
... Drogen ausprobiert?	• In Bezug auf Drogen sollten Sie ein wachsames Auge haben. »Joints« sind heutzutage wesentlich härter als vor 30 Jahren. • Auch hier gilt: Aufklärungsarbeit leisten und an Verantwortlichkeit des Jugendlichen appellieren. • Wenn Sie den Eindruck haben, dass es Ihrem Kind gerade nicht gut geht und es deshalb zu Drogen greift, sollten Sie sich Hilfe in einer Suchtberatungsstelle oder bei einer Familientherapie holen.
... im »Konsumrausch« ist?	• Der Jugendliche muss nun auch lernen, verantwortungsvoll mit Geld umzugehen. Vielen Teenagern fällt es schwer, den überall lauernden Verlockungen zu widerstehen. Ob Klamotten oder neuestes Handy – wenn Mama und Papa immer Geld dafür flott machen, lernt der Jugendliche nicht, den Wert des Gekauften einzuschätzen. Deshalb sollte er sich beizeiten bei (hohen) Geldausgaben beteiligen, entweder mit seinem Taschengeld oder indem er einen kleinen Nebenjob annimmt.
... sehr fordernd auftritt?	• Prüfen Sie, welches Bedürfnis Ihr Kind hier äußert: Möchte es mehr Aufmerksamkeit? Mehr Geld? Möchte es weiterhin bequem leben und weigert sich (noch), selbstständig zu werden, indem es etwa herumkutschiert werden möchte? Bleiben Sie gut abgegrenzt und lassen Sie sich nicht zum Dienstleister degradieren, der für den Komfort der Kinder zu sorgen hat. Ihr Kind muss jetzt eigenständiger werden. Das fördern Sie nicht, indem Sie sich immer »um den Finger wickeln« lassen. (Ausnahmen bestätigen die Regel!) • Wenn Ihr Kind an Ihr (schlechtes) Gewissen appelliert, sollten Sie hellhörig werden. Lassen Sie sich nicht erpressen. Prüfen Sie aber auch, ob ein Geschwisterkind vielleicht oft Vorrang hat, etwa weil es jünger oder kränklich ist.

Was tun, wenn die Tocher / der Sohn ...	Tipp
... Vorwürfe macht?	• Wir neigen dazu, Vorwürfe strikt von uns zu weisen, weil sie uns unverschämt vorkommen. Ab und zu sollten wir uns allerdings mit den Vorwürfen beschäftigen, ganz unabhängig von dem Tonfall, in dem sie über uns hereinbrechen: Was könnte eventuell stimmen, womit hat mein Kind ein bisschen recht? Vielleicht könnte sich daraus ein interessantes Gespräch entwickeln? »*Ich habe nochmal über deinen Vorwurf nachgedacht ...*« Passen Sie aber auf, dass Sie nicht anfangen, sich zu rechtfertigen.
... sich stark zurückzieht, Kontakt ablehnt?	• Jugendliche suchen Abstand von den Eltern, um mehr zu sich selbst zu finden. Deshalb erzählen sie vielleicht auch nicht mehr so viel wie früher und pflegen ihre kleinen Geheimnisse. Gehen Sie möglichst gelassen damit um. Nehmen Sie es nicht als Zeichen persönlicher Ablehnung – das ist es nämlich in der Regel nicht. Nur die Bedürfnisse des Kindes haben sich verändert. • Wenn Sie den Eindruck haben, dass Ihr Kind starken Leidensdruck hat, sprechen Sie es vorsichtig darauf an: »*Ich habe den Eindruck, dass du zurzeit etwas traurig bist, stimmt das?*«
... mit seinem Aussehen unzufrieden ist?	• Besonders Mädchen hadern in der Pubertät manchmal mit ihrem Aussehen. Ob Pickel, fettige Haare oder ein kleines Speckröllchen: Mädchen gehen oft hart mit sich ins Gericht. Nehmen Sie diesen Kummer ernst, aber forcieren Sie ihn nicht, indem Sie lauter gut gemeinte Ratschläge geben. Mit der Zeit wird Ihre Tochter ihren sich verändernden Körper akzeptieren lernen. • Seien Sie allerdings aufmerksam, wenn es um das Thema Essen geht. Sollte Ihre Tochter sich eine Diät nach der anderen verordnen, Abführmittel nehmen oder übermäßig abnehmen, sollten Sie hellhörig werden. Psychische Probleme werden in diesem Alter oft über das Essen abgewickelt. Achten Sie also darauf, ob und wie sich das Essverhalten Ihrer Tochter verändert und holen Sie sich ggf. therapeutische Hilfe.

Was tun, wenn die Tocher / der Sohn ...	Tipp
... oft »wütend« ist?	• Worüber regt sich Ihr Jugendlicher auf? Was macht ihn wütend? Wut entsteht oft, wenn sich Teenager von den Eltern nicht verstanden und akzeptiert fühlen. Auch wenn das Verhalten unangemessen erscheint, versuchen Sie, tiefer zu blicken und der Wut Ihres Kindes auf den Grund zu gehen. Fühlt es sich vielleicht eingeengt? Nicht wahrgenommen? • Möchten Sie ihm spiegeln, dass Sie seine Wut sehen und diese ggf. nachvollziehen können? Über ein klärendes, ruhiges Gespräch könnte sich die Situation dauerhaft entspannen.
... schlechte Stimmung verbreitet?	• Manche Teenager lassen ihren Stimmungsschwankungen freien Lauf. Das kann daran liegen, dass sie es schlecht ertragen können, wenn es anderen besser geht als ihnen selbst. Sie »stänkern« dann unbewusst, um es sich selbst erträglicher zu machen. • Wenn Eltern sich dann davon anstecken lassen, ist Ärger und dicke Luft vorprogrammiert. Achten Sie also gut darauf, Ihre Stimmung von der des Jugendlichen abzukoppeln. Das gelingt nicht immer, weil Teenager eine starke Ausstrahlung haben und Eltern sensibel auf deren Stimmungen reagieren. Versuchen Sie es trotzdem ab und zu: Ihnen darf es gut gehen, auch wenn Ihr Teenager gerade miese Laune hat.
... immer nur an sich denkt?	• Jugendliche sind bzw. wirken oft sehr selbstbezogen. Das liegt daran, dass sie sich neu entdecken und entwickeln müssen. Teenager kämpfen manchmal recht hartnäckig, um ihre Ziele durchzusetzen, und nehmen manchmal wenig Rücksicht auf andere. Von Eltern oder anderen Erwachsenen wird das dann schnell als »Egoismus« oder gar »Egozentrik« bezeichnet. Nicht ganz zu Unrecht natürlich, denn schließlich stellt sich der Teenager zumindest in diesem Moment mit diesem speziellen Anliegen in den Mittelpunkt. • Nehmen Sie das mit einer Prise Humor. Weisen Sie Ihren Teenager gelegentlich darauf hin, dass es auch noch andere Menschen auf der Welt gibt. Mit der Zeit wird sich diese Selbstbezogenheit wieder geben.

Zum besseren Verständnis des Teenagers eignen sich folgende Überlegungen:

- *Was bewirkt der Jugendliche mit seinem Verhalten?* Werden Sie nachdenklich? Nachgiebig? Raufen Sie sich als Eltern besser zusammen? *Wichtig:* Fragen Sie nicht: *»Warum verhält er/sie sich so?«* Diese Frage ist müßig und selten zu beantworten. Viele Motive für unser Verhalten schlummern friedlich und unerkannt in unserem Unbewusstsein vor sich hin. Das ist bei Jugendlichen auch nicht anders.
- *Was ist sein Ziel, worum geht es ihm eigentlich? Welches Bedürfnis liegt hinter den geäußerten Forderungen oder Wünschen?* In vielen typischen Konfliktsituationen mit Jugendlichen geht es darum, dass er/sie sich in seinem Anliegen ernst genommen fühlen will! Beispiel: Ihr Kind möchte gerne später nach Hause kommen als Sie das für richtig halten und streitet mit Ihnen. Geht es ihm nun darum, einfach länger auf der Party zu sein, oder geht es ihm darum, mitbestimmen zu können? Oder beides?
- *Welche Gefühle löst er/sie bei mir aus?* Fühlen Sie sich vom Sockel gestoßen? Manchmal sogar nicht mehr ernst genommen? In Frage gestellt? Herausgefordert? All das ist in Ordnung und gehört dazu. Wenn Ihr Kind es schafft, bei Ihnen Irritation hervorzurufen, dann haben Sie ziemlich viel richtig gemacht. Immerhin geht es um große Veränderungen, da kann nicht alles immer ruhig und gleichförmig verlaufen. *Wichtig:* Wenn Sie allerdings starken Leidensdruck haben, zögern Sie nicht lange und holen Sie sich professionelle Unterstützung!

»Ich chill' dann mal!« – warum »Faulenzen« und »Nichtstun« jetzt dazu gehören

Teenager hängen gerne mal ab. Stundenlang können sie auf ihrem Bett liegen, Musik hören, mit ihrem Handy herumspielen oder einfach gar nichts tun. »Chillen« nennt man das heutzutage. Für Eltern ist das hingegen häufig sinnloses Vertun von Zeit, Faulenzerei. Und das hat bei uns leider keinen guten Ruf. Viele Erwachsene assoziieren damit Ziellosigkeit, Stillstand, mangelnden Ehrgeiz. Nicht umsonst heißt es ja: »Müßiggang ist aller Laster Anfang.« Doch stimmt das auch? Was ist Faulenzen überhaupt? Und was bedeutet es, wenn Jugendliche so viel herumhängen?

- *Langeweile und »Herumhängen« ist ein Versuch der Psyche, sich eine Auszeit zu nehmen.* Es geht dann darum, sich auf sich selbst zu besinnen, seinen Gedanken und Gefühlen nachzuhängen, sich zu spüren, zu träumen, kurzum: all das zu tun, was in unserem betriebsamen Erwachsenenleben oft zu kurz kommt. Das Bedürfnis nach freier, ungenutzter Zeit entsteht oft auch als Reaktion auf einen völlig verplanten Alltag durch Schule, Hobbys etc.

- *Langeweile und Durchhängepartien sind auch als Ausdruck eines Reifungsschrittes zu verstehen: Altes gilt nicht mehr, Neues ist noch nicht da.* Der Teenager will jetzt nicht mehr mit Lego oder der Barbie spielen, hat aber noch keine neuen Interessen entwickelt. Weil er noch nicht so recht weiß, was er nun mit sich anfangen soll, sich in einer Art Niemandsland befindet, hängt er herum. Hier sind Geduld und Verständnis gefragt, keine hektischen Tipps!

- *Herumgehänge und Langeweile können auch ein Zeichen eines gefühlten »Sinn-Vakuums« sein.* Was ist der Sinn des Lebens? Was soll das hier alles? Wer bin ich, was will ich? Diese wichtigen Fragen sind für Teenager oft noch ungeklärt – kein Wunder, dass da manchmal das Gefühl von Leere oder Sinnlosigkeit aufkommt. Und das fühlt sich oft wie Langeweile an.

- *Wenn Jugendliche sich solche Auszeiten nehmen, bringt das manchmal auch frischen Schwung und neue Ideen mit sich.* Nicht umsonst sprechen Künstler von der nötigen Muße, die ihre Kreativität befördert.

Beherzigen Sie also Folgendes:

- Sehen Sie das »Chillen« Ihres Sohnes bzw. Ihrer Tochter mit der nötigen Gelassenheit. Solange das Kind Freunde hat, zur Schule geht und lacht, ist alles in Ordnung!
- Erlauben Sie Ihrem Kind diese Auszeiten. Stopfen Sie seinen Kalender nicht mit Aktivitäten voll, zu denen es gar keine Lust hat. Schule und Pubertät sind genug Herausforderungen!
- Werten Sie das Verhalten Ihres Kindes nicht ab. Sätze wie *»Du bist so faul«* oder *»Tu doch endlich mal was Vernünftiges!«* sollten Sie sich verkneifen.
- Halten Sie es aus, wenn Ihr Kind gelegentlich Langeweile hat. Machen Sie ihm keine Vorschläge, was es denn jetzt mal tun könnte. Sonst geht es Ihrem Kind womöglich wie dem bedauernswerten Loriotmännchen, das einfach nur dasitzen möchte und von seiner Frau dazu genötigt wird, »endlich mal etwas Sinnvolles zu tun«. Zum

Schluss wird der Mann so wütend, dass er seine Frau anschreit. Das könnte Ihnen dann auch drohen ...

- Überlegen Sie auch mal: Was ist sinnvoll am Sich-Langweilen, am Chillen? Was könnte es dem Teenager bringen?
- Wenn Sie mehr über Ihr Kind erfahren wollen, thematisieren Sie sein Verhalten: Fragen Sie Ihr Kind, wie es sich fühlt, wenn es nichts tut oder Zeit mit (vermeintlichen) Belanglosigkeiten vertrödelt.

Emotionale Durchhänger und Langeweile sind in der Pubertät also durchaus normal. Therapeutische Hilfe sollten Sie allerdings suchen, wenn Ihr Jugendlicher

- apathisch und teilnahmslos wirkt,
- keine Lebensfreude mehr zeigt,
- ständig müde ist,
- ständig niedergeschlagen oder verzweifelt wirkt,
- den Kontakt zu Freunden abbricht,
- alle Hobbys aufgibt, oder/und
- unter ausgeprägter Antriebslosigkeit leidet.

Wenn Sie große Probleme mit der »Faulenzerei« Ihres Kindes haben und Sie mit Ihrem Kind häufig aneinandergeraten, prüfen Sie Ihre eigene Einstellung. Was stört Sie daran, dass Ihr Kind »herumgammelt«? Prüfen Sie auch Ihre eigene Einstellung zum Thema »Nichtstun«. Vielleicht geht es Ihnen ähnlich wie dem Vater aus dem folgenden Beispiel:

Lena (13) war bislang eine außergewöhnlich gute Schülerin. Als Sonnenschein der Familie hatte sie immer für gute Laune gesorgt. In der letzten Zeit aber fing sie an, die Schule schleifen zu lassen, ihre Noten wurden schlechter. Stattdessen hing sie ständig an ihrem Smartphone herum oder telefonierte mit ihrer Freundin. Während die Mutter dem Geschehen relativ gelassen gegenüberstand, regte sich der Vater über dieses ewige »Rumgehänge« seiner Tochter maßlos auf. Regelmäßig kam es zu heftigen Streitereien, in denen er seiner Tochter »Faulheit« und Desinteresse vorwarf. Lena hingegen ließ das nicht auf sich sitzen und schrie irgendwann zurück: »Du bist ja nur neidisch auf mich, weil du dauernd arbeitest und dir nie eine Pause gönnst!«

Das saß. Lenas Vater war erschüttert. Hatte sie etwa recht? Regte er sich über seine Tochter so auf, weil er sich selbst Erholung, Spaß und »Faulheit« permanent verbot?

In mehreren Gesprächen mit seiner Frau wurde ihm klar, dass Lenas Aussage stimmte. Er begann sich mit seiner inneren Haltung zu beschäftigen und begann eine Therapie. Nach einer Weile ebbten die Konflikte zwischen Lena und ihrem Vater ab. Es gab zwar weiterhin Diskussionen, aber diese verliefen moderater. Lenas Vater indessen lernte in kleinen Schritten, sich mehr Auszeiten zu gönnen, was ihm anfangs schwerfiel. Als Kind war ihm immer eingeredet worden, man müsse immerzu schuften, um überleben zu können – ein belastendes Erbe der Kriegsgeneration, das Lenas Vater nun ablegen wollte.

Provokationen. Und welche Funktionen sie erfüllen

Viele Eltern fühlen sich von ihren Teenagern provoziert. Manche Eltern stören sich an dem Outfit ihrer Kinder, an ihrer Unordnung oder an ihrem Tonfall. Andere wiederum ärgern sich über Widerworte oder fühlen sich komplett in Frage gestellt. Was auch immer uns ärgert: Provozieren Jugendliche uns bewusst? Aus Versehen? Unbewusst?

Alles stimmt vermutlich. Und die Provokation hat auch einen Sinn: Sie soll uns dazu bringen, über bestimmte Verhaltensweisen nachzudenken, sie ggf. zu ändern. Was wir als Provokation erleben, ist in der Regel eine Verletzung unseres Weltbildes oder unseres Selbstbildes. Der Jugendliche signalisiert damit, dass er bestimmte Werte nicht respektiert oder ihre Sinnhaftigkeit zumindest in Frage stellt.

Wenn sich Eltern von Teenagern provoziert fühlen, sollten sie sich folgende Fragen stellen:
• Was genau ärgert mich an dem Verhalten meines Jugendlichen?
• Welche meiner Werte werden durch das Verhalten des Jugendlichen verletzt?
• Provoziert mich das Kind wirklich bewusst? Ist sein Verhalten absichtsvoll provokativ? Woran merke ich das?

Insgesamt gilt: Seien Sie vorsichtig mit Interpretationen und Unterstellungen. Oft wissen wir nicht, aus welchen Gründen sich andere Menschen auf eine bestimmte Weise verhalten. *Wenn wir uns provoziert fühlen, sagt das oft mehr über uns selbst und unsere Werte aus als über den anderen.*

Wenn Ihr Kind lügt, so verletzt das beispielsweise den Wert »Ehrlichkeit«. Je wichtiger Eltern Ehrlichkeit ist, desto heftiger werden sie auf

Schummeln und Flunkern reagieren. Wenn das Kind sich nicht mehr wie gewohnt an vorgegebene Regeln hält und stattdessen »macht, was es will«, dann verstößt es gegen das (unausgesprochene) Gebot, dass Kinder zu gehorchen haben usw.

Provokatives Verhalten von Jugendlichen hat verschiedene Ursachen und erfüllt unterschiedliche Funktionen:

- *Provokation aus entwicklungsbedingter »Notwendigkeit«.*
Viele Eltern erleben es als Provokation, wenn sich das Kind zurückzieht und sich nicht mehr gerne mit seinen Eltern blicken lässt. Es ist verständlich, dass Eltern dies zunächst irritiert, aber dieses Verhalten ist altersangemessen und Ausdruck bzw. Nebeneffekt des Reifungsprozesses. Eltern tun gut daran, dieses Verhalten des Jugendlichen als notwendigen Schritt seiner Verselbstständigung zu verstehen und nicht als persönliche Kränkung oder Provokation.

- *Provokation aus Ungeschicklichkeit.*
Jugendliche sind oft noch nicht sehr geschickt darin, angemessen Kritik zu üben. Sie machen Vorwürfe oder reden undifferenziert daher. Manchmal fehlt ihnen das nötige Einfühlungsvermögen. All das führt oft eher ungewollt dazu, dass sich Eltern provoziert fühlen. Versuchen Sie auch hier, eine gewisse Souveränität zu entwickeln. Lassen Sie sich nicht alles »bieten«, sagen Sie klar, wann es Ihnen zu weit geht.
Relativieren Sie das Gesagte des Jugendlichen aber auch wieder. Manchmal klingen Jugendliche harscher, als sie es meinen. Manchmal allerdings meinen sie es aber auch genau so, wie Sie es sagen. Auch dann gilt es, einigermaßen gelassen damit umzugehen (siehe das Kapitel zur Gewaltfreien Kommunikation).

- *Provokation aus (gefühlter) Hilflosigkeit.*
Jugendliche fühlen sich manchmal hilflos oder sind so wütend, dass sie durch provokatives Verhalten unbewusst dafür sorgen, dass sich die Eltern auch hilflos oder wütend fühlen.

- *Provokation als Ausdruck von Bedürfnissen.*
Die meisten provokativen Verhaltensweisen von Jugendlichen beruhen auf unausgesprochenen Bedürfnissen. Manchmal suchen Teenager über Provokationen Aufmerksamkeit. Wenn Sie Ihren Teenager als provokativ erleben, fragen Sie sich, was er wohl gerade braucht.

- *Provokation, um Veränderungsprozesse in Gang zu setzen.*
Ein Jugendlicher ist, wie wir in Kapitel 2 gesehen haben, darauf angewiesen, dass sich die gesamte Familie mit ihm entwickelt. Wenn El-

tern oder Geschwister diese Entwicklung verweigern oder blockieren, können Provokationen hilfreich sein, die Beteiligten zum Umdenken zu zwingen. Fast immer kommen Familien in Therapie, weil sich ein Kind oder Jugendlicher hochprovokativ verhält – oder das zumindest so erlebt wird.

- *Provokation als Ausdruck von Suche nach einem authentischen Gegenüber.*
  Da Jugendliche nun kritischer werden, lassen Sie sich nicht mehr gerne mit wohlmeinenden Sprüchen oder »pädagogisch wertvollen Erziehungsmethoden« abspeisen. Provokatives Verhalten kann dann auch dabei hilfreich sein, das Gegenüber mal aus seiner »Rolle« hinauszukatapultieren: Wenn Vater oder Mutter dann mal ausflippen, wissen die Jugendlichen, dass sie es mit echten Menschen zu tun haben, die alles andere als unfehlbar sind. Das ist für Jugendliche übrigens weniger ein Triumph als eine Beruhigung.
- *Provokation als Versuch, den eigenen Willen durchzusetzen.*
  Natürlich versuchen Jugendliche auch, durch Provokationen Wünsche durchzusetzen. Manchmal arbeiten sie auch mit Erpressungsversuchen (»*Wenn du mich nicht abholst, werd' ich vielleicht überfallen, dann bist du dran schuld, wenn mir was passiert!*«). Lassen Sie sich davon nicht beeindrucken, sondern tun Sie das, was Sie für sinnvoll halten.
- *Provokation als Möglichkeit, sich abzugrenzen.*
  Schrille Klamotten, bunt gefärbte Haare, Piercings, Tattoos und andere Extravaganzen sind besonders gut geeignet, sich von den »spießigen« und »langweiligen« Eltern abzugrenzen. »*Seht her, ich bin anders!*«, lautet dann die deutliche Botschaft. Es liegt an Ihnen, ob Sie sich davon provozieren lassen wollen oder eher nicht.

Wenn Sie sich hin und wieder von Ihrem Kind provoziert fühlen, fragen Sie sich auch:
- Erlebe nur ich das Verhalten meines Kindes als Provokation oder geht das meinem Partner ebenso?
- Was ist das Gute an der Provokation?
- Wobei hilft meinem Kind diese Provokation?
- Welches Bedürfnis liegt der Provokation zugrunde?
- Wie kann ich einen guten, konstruktiven Umgang mit dieser (gefühlten) Provokation finden?

»Ich will aber!« Mitbestimmen lassen

Viele Konflikte mit Jugendlichen entstehen, weil diese sich bevormundet oder eingeengt fühlen. Ein Beispiel hierzu:

Familie B. kommt in Beratung, weil ihr Sohn Timo (13) ihnen Probleme bereitet. Er hält sich laut Frau B. nicht mehr an die Regeln, die in ihrer Familie gelten, nimmt keine Rücksicht auf seine kleine Schwester und sei »auf Krawall gebürstet«. Timo macht einen genervten Eindruck, erklärt aber nach einer Weile seine Sicht der Dinge: Die Eltern behandelten ihn wie ein »Baby«. Er dürfe fast nie weggehen, und wenn, dann höchstens bis 20 Uhr. »Ja!«, ruft der Vater aus. »Das hast du dir selbst zuzuschreiben! Schließlich bist du so oft zu spät gekommen. Selbst schuld. Nun musst du eben mit den Konsequenzen leben. Wenn wir dir nicht vertrauen können, musst du dich nicht wundern, dass wir dir nicht mehr so viel erlauben.« – In null Komma nichts war die Stimmung aufgeheizt, Eltern und Timo saßen sich wütend und schreiend gegenüber.

Im Laufe der Beratung stellte sich heraus, dass Timo einmal stark angetrunken und zu spät nach Hause gekommen war. Davon waren Timos Eltern so enttäuscht gewesen, dass sie ihm von nun an »klare Grenzen setzen« wollten, damit das Ganze dann nicht noch einmal so »ausufert«. Das hieß konkret: Sie schränkten seine Ausgehzeiten strikt ein. Timo hatte kein Mitspracherecht. Seine Eltern waren der Ansicht, ihr Sohn müsse sich erst durch mehrfaches Wohlverhalten wieder Vertrauen erarbeiten.

Timo hingegen war sauer auf seine Eltern und fühlte sich gegängelt. Er war nicht bereit, sich das Vertrauen der Eltern »erkaufen« zu müssen und kämpfte mit allen Mitteln gegen die Reglementierungen. Mittlerweile war die Atmosphäre in der Familie so angespannt, dass kaum ein freundliches Wort mehr möglich war.

Was war passiert? Timos Eltern hatten sein Verhalten interpretiert. Und zwar als Vertrauensmissbrauch. Sie hatten nie nach den Gründen für seine Verspätung gefragt, sondern gleich geschimpft und eine Strafe verhängt. Timo hatte auch keine Chance gehabt, für sein Zuspätkommen um Entschuldigung zu bitten.

In der Beratung konnte Timo erstmals seine Perspektive der Geschehnisse schildern. Die Eltern wurden durch Rollenspiele dazu gebracht, sich besser in Timo einzufühlen. Langsam begannen sie zu verstehen, wie Timo sich fühlte (»ärgerlich«, »in seinen Wünschen nach mehr Selbstbestimmung nicht ernst genommen« etc.) und was er möglicherweise brauchte (die Möglichkeit, mitzubestimmen, das Vertrauen der Eltern, Bestätigung durch den Vater etc.). Nach ein paar Sitzungen handelten Timo und seine Eltern gemeinsam neue Regeln für das Nachhausekommen aus. Timo durfte gelegentlich länger wegbleiben. Im Gegenzug war er bereit, das Auto zu waschen, wenn er später als vereinbart nach Hause kommen sollte. Die Spannungen in der Familie ließen langsam nach und Timo hielt sich weitgehend an die getroffenen Vereinbarungen.

Wie an diesem Beispiel zu sehen ist, ist es mit Verboten, Vorgaben und Strafen oft nicht getan. Sicher gibt es Vorgaben, an die sich alle Jugendlichen zu halten haben, vieles ist sogar durch das Jugendschutzgesetz gesetzlich geregelt. Trotzdem haben Eltern relativ viel Spielraum, innerhalb dessen sie entscheiden müssen, was sie ihrem Kind erlauben und was nicht.

Insgesamt gilt: Es gibt kein richtig oder falsch! Sie sind verantwortlich für Ihr Kind und deshalb in der Pflicht, nach bestem Wissen und Gewissen Entscheidungen zum Wohle Ihres Kindes zu treffen. Zum Wohle des Kindes kann natürlich auch gelegentlich ein striktes Verbot sein.

Führen Sie also Verhandlungsspielräume ein und erweitern Sie diese allmählich. Ihr Kind will immer mehr selbst über sein Leben entscheiden und möchte so in die Entscheidungsprozesse eingebunden werden. Das ist wichtig, denn so kann es üben, wie man verantwortungsbewusste Entscheidungen trifft. Überlegen Sie aber im Vorfeld, was für Sie überhaupt verhandelbar ist und was nicht. Erweitern Sie das Spektrum zunehmend: Je älter Ihr Kind wird, desto öfter sollte es mitentscheiden können.

Um zu einem gemeinsamen Ergebnis zu kommen, sollten Sie folgende Schritte gehen:

* Zunächst Infos einholen: Worum geht es, was möchtest du?
* Erfragen Sie dann die Meinung Ihres Kindes: *»Wie stellst du dir das vor?« – »Wie lange möchtest du wegbleiben?«*
* Wägen Sie dann ab: Ist der Wunsch des Teenagers realistisch? Können Sie sich darauf einlassen oder halten Sie es für übertrieben?
* Geben Sie ein freundliches Feedback und machen Sie ggf. einen Gegenvorschlag. Wenn Sie sich sehr unsicher sind, bitten Sie sich Bedenkzeit aus und besprechen Sie es mit Ihrem Partner.
* Handeln Sie mit Ihrem Teenager einen Kompromiss aus. Je älter Ihr Kind wird, desto kulanter sollten Sie sich verhalten.

Gemeinsam zu einer Lösung zu kommen, ist keine Garantie dafür, dass Ihr Kind pünktlich nach Hause kommen wird. Doch wenn Jugendliche in die Planungs- und Entscheidungsprozesse, die sie betreffen, mit einbezogen werden, sind sie erfahrungsgemäß eher bereit, sich an die getroffenen Vereinbarungen zu halten. Außerdem lernen sie so zunehmend, selbstständig verantwortungsvolle Entscheidungen zu treffen.

Auch Strafen sind ein heikles Thema, mit dem sich Eltern von Teenagern herumschlagen. Muss man Kinder bestrafen, wenn sie etwas angestellt haben oder sich nicht an unsere Vorgaben halten? Lohnt sich das, bringt es was? Und wenn ja, welche Strafen? Hausarrest, Fernsehverbot, Entzug der Spielekonsole? Diese Entscheidung müssen Eltern selber treffen.

Meiner Erfahrung nach ist es jedoch durchaus möglich, Kinder völlig ohne Bestrafungen zu zuverlässigen und verantwortungsbewussten Erwachsenen zu erziehen. Viele Strafmaßnahmen sind überdies ineffektiv und wenig sinnvoll, werden von Jugendlichen oft als Machtgebaren und Ausdruck von Hilflosigkeit erlebt.

Wenn Sie die Erfahrung gemacht haben, dass Ihr Kind sich mehrfach nicht an getroffene Abmachungen hält, dann sollten Sie lieber mit Konsequenzen als mit Strafen arbeiten. Konsequenzen sollten am besten gemeinsam vereinbart werden. Fragen Sie dann Ihren Jugendlichen:*»Was bist du bereit zu tun, wenn du dich nicht an diese Abmachung hältst?«* Teenager haben oft gute Ideen. Wenn Ihrer Tochter oder Ihrem Sohn nichts einfällt, schlagen Sie etwas vor. Die Konsequenz eines Fehlverhaltens sollte dabei angemessen, also nicht zu streng sein. Außerdem muss sie realisierbar und konkret sein: Dem Jugendlichen das Versprechen abzuringen, ab jetzt nie wieder etwas falsch zu machen, ist hingegen überzogen und unrealistisch.

Wer Konsequenzen ankündigt, sollte diese dann auch durchsetzen. Ansonsten macht man sich einigermaßen unglaubwürdig.

Was spüre ich, was möchtest du? Konflikte lösen mithilfe der Gewaltfreien Kommunikation

Viele Konflikte entstehen, weil wir unklare Botschaften senden. Und weil wir die Botschaften, die uns andere senden, falsch entschlüsseln. Missverständnisse sind deshalb an der Tagesordnung. Besonders clevere

Teenager merken schnell, wenn wir ihnen nicht richtig zuhören, ihre Aussagen verdrehen oder wenn wir sie »durch die Blume« kritisieren. Deshalb ist es nahezu unumgänglich, sich mit dem Thema Kommunikation zu beschäftigen: Wie drücke ich mich aus? Was kommt bei meinem Jugendlichen an? Wie gut kann ich ihm zuhören? Sprache spielt dabei eine zentrale Rolle. Sie sagt viel über unsere Befindlichkeit aus. Sie spiegelt unsere Haltung wider. Sie kann Ausdruck von Zuwendung, Interesse, aber auch Abneigung und Aggression sein. Doch nicht nur der Ton macht die Musik: So ist neben Tonfall, Mimik und Wortwahl auch besonders der sogenannte Subtext wichtig. Der Subtext ist die Botschaft, die sich zwischen den Zeilen versteckt. Subtext wird oft unbewusst gesendet und vom Gegenüber eher erspürt als bewusst wahrgenommen. Die Folge davon ist, dass Kinder auf unsere vermeintlich harmlosen Aussagen emotional heftig reagieren.

Ein Beispiel: *»Du hast nicht aufgeräumt!*« Dieser Satz kann (theoretisch) als Tatsachenbehauptung verstanden werden. Er kann aber ebenso als Vorwurf interpretiert werden. Der dazu passende Subtext wäre dann: *»Ich bin enttäuscht, dass du nicht aufgeräumt hast!*« Wer diesen Subtext vermutet oder heraushört, wird sich möglicherweise angegriffen fühlen. Man kann aber auch eine Aufforderung dahinter vermuten und sich angewiesen fühlen, endlich zur Mülltüte zu greifen. Bereits an diesem kleinen Beispiel kann man erkennen, wie unklar die Aussagen sind, die wir täglich von uns geben.

Da Sprache ein komplexes System ist, ist es also immer wieder hilfreich, sich zu überlegen, was ich jemandem eigentlich genau mitteilen möchte. Und natürlich umgekehrt zu erforschen, was der andere mir mitteilen will. Hören Sie also immer mal wieder sehr genau hin:

• Was sagt mir mein Kind eigentlich? Was ist seine Botschaft?
• Wie kann ich sichergehen, dass ich seine Botschaft richtig verstehe?
• Welches Bedürfnis liegt möglicherweise in seinen Worten? Was wünscht oder braucht mein Kind von mir?

Eine gute Möglichkeit, um kommunikationsbedingte Konflikte zu lösen oder zu verhindern, bietet die Methode der Gewaltfreien Kommunikation, die der US-amerikanische Psychologe Marshall B. Rosenberg entwickelt hat. Er war in einem konfliktreichen Stadtteil von Detroit aufgewachsen und betrachtete mit Sorge die damaligen Rassenunruhen. Seitdem war er mit der Frage beschäftigt, was man tun könne, um die Welt gewaltfreier und friedfertiger zu machen. Er hatte über viele Jahre hinweg beobachtet, wie der übliche Gebrauch von Sprache Konflikte schürt, diese eher verschärft, anstatt sie zu lösen, und häufig sogar zu (verbaler und nonverbaler) Gewalt führen kann. So entwickelte er das Konzept der »Gewaltfreien Kommunikation« (GFK). *Das Ziel der GFK ist eine menschliche, einfühlsame und lösungsorientierte Kommunikation, die es ermöglicht, Konflikte zu vermeiden, zu entschärfen oder zu lösen.* Diese Methode ist prinzipiell recht einfach und baut auf den Fähigkeiten auf, die Menschen ohnehin bereits mitbringen. Allerdings muss man sich bereit zeigen, etwas umzudenken, etwas von sich preiszugeben und dem anderen geduldig zuzuhören. Und man muss üben, üben, üben.

Verständniskiller: Was nicht hilfreich ist
Laut Rosenberg gibt es vier kontraproduktive Verhaltensweisen, die nahezu zwangsläufig zu Missverständnissen oder gegenseitigen Kränkungen führen.

* *So sollte man möglichst das Verhalten anderer Menschen nicht moralisch beurteilen und ihnen böse Absichten unterstellen.*
 Wir alle neigen dazu, das Verhalten anderer Menschen zu interpretieren. Je nachdem, in welcher Stimmung wir uns selbst gerade befinden und was wir für Erfahrungen gemacht haben, werden diese Interpretationen dann unterschiedlich ausfallen. So werden wir eine Verkäuferin, die uns nicht grüßt, schnell als »unfreundlich« erleben, wenn wir just in diesem Moment selbst nicht gut gelaunt sind oder uns oft als »Opfer« anderer Menschen und deren Launen erleben. Sind wir hingegen freundlich gesinnt, gut gelaunt oder fühlen uns gerade wenig angreifbar, werden wir das Verhalten vielleicht gar nicht so sehr auf uns beziehen und sagen: *»Wer weiß, was ihr heute passiert ist? Vielleicht ist ihr Kind krank oder sie fühlt sich selbst nicht wohl?«*
* *Man sollte sich davor hüten, Menschen und ihre Leistungen miteinander zu vergleichen.*
 Da wir in einer Leistungsgesellschaft leben, werden wir nahezu genötigt, uns in Konkurrenz zueinander zu setzen und unsere Leistungen und Erfolge miteinander zu vergleichen. Ganze Studien haben sich schon damit beschäftigt, wie das ständige Abgleichen etwa der eigenen weiblichen Figur mit denen der Supermodels das eigene Selbstwertgefühl eines Mädchens beschädigen kann. Sich selbst und andere Menschen miteinander zu vergleichen, führt fast immer dazu, sich entweder schlecht zu fühlen oder andere schlechtzumachen. Beides ist weder menschenfreundlich noch friedenstiftend.

- *Man sollte sich auch abgewöhnen, anderen Menschen die Verantwortung oder gar »Schuld« für die eigenen Gefühle zu geben.*
Viele Menschen gehen davon aus, dass andere Menschen schuld an ihren Gefühlen seien. *»Der Chef hat mich zur Schnecke gemacht. Er ist schuld, dass ich jetzt wütend bin.«* oder *»Mein Kind hat sich unmöglich aufgeführt! Nur deshalb fühle ich mich jetzt mies!«* Solche und ähnliche Erklärungen dienen dann dazu, die Verantwortung für die eigenen Gefühle nach außen zu verlagern. Fakt ist jedoch: Die anderen Menschen mögen Auslöser für unsere Gefühle sein, aber sie sind nicht verantwortlich dafür. Natürlich gibt es hier Ausnahmefälle, etwa wenn Gewalt im Spiel ist. Doch für gewöhnlich sollten wir selbst die Verantwortung für unsere Empfindungen übernehmen. Es ist dann eben nicht der Teenager an unserer schlechten Laune schuld: Wir selbst sind es, die die schlechte Laune machen.
- *Und man sollte es sich ebenfalls abgewöhnen, Forderungen an andere zu stellen.*
Da wir die Schuld für unsere Gefühle oft bei anderen suchen, wünschen wir uns konsequenterweise auch, dass sich der andere bitteschön anders zu verhalten habe. Diese Forderungen aber bringen den anderen in Zugzwang und sorgen oft für Verdruss und Ärger.
Hilfreicher und effizienter ist es (nach Rosenberg), seine eigenen Bedürfnisse zu erspüren und um etwas zu bitten, statt Forderungen zu stellen und den anderen damit in Bedrängnis zu bringen.

Gewaltfreie Kommunikation mit Jugendlichen: So geht's

Die Methode der Gewaltfreien Kommunikation ist besonders dann geeignet, wenn Streitereien mit Ihrem Kind immer nach demselben Muster ablaufen, ohne dass es zu einem Ergebnis kommt. In der Regel liegt das daran, dass Eltern und Jugendliche aneinander vorbeireden. Und das wiederum hat seinen Ursprung darin, dass wir selten genau benennen, was wir eigentlich fühlen, wünschen und wollen. Genau das aber kann man mithilfe der Gewaltfreien Kommunikation bestens trainieren.
- *Schritt 1: Beobachten Sie Ihren Teenager, ohne sein Verhalten zu bewerten.*
Zunächst sollten sich Eltern darin üben, die eigenen *Beobachtung*en von einer *Bewertung* freizuhalten bzw. sie davon abzukoppeln. Das ist freilich nicht ganz einfach, denn wir sind einfach gewohnt, Dinge und Verhalten anderer Menschen zu interpretieren und zu bewerten. Versuchen Sie also immer wieder, Ihr Kind und sein Verhalten zu be-

obachten, ohne es zu bewerten. Zum Beispiel, wenn es auf dem Sofa sitzt: Was sehen Sie genau? (Tipp: Was Sie *nicht* sehen können, ist: dass es »faul« ist, dass es »Zeit verplempert«, dass es Sie provoziert, dass es die Schule nicht ernst nimmt etc. Das alles sind Wertungen und Interpretationen!)

- *Schritt 2: Nehmen Sie Ihre Gefühle wahr und bringen Sie diese zum Ausdruck.*
Menschen scheuen sich sehr häufig, über Gefühle zu sprechen. Wir sagen lieber »*Du bist unverschämt!*« statt »*Ich werde ärgerlich, wenn du so mit mir sprichst*«. Auch haben wir oft Angst, unsere Gefühle zu äußern, weil wir uns damit verletzlich machen.
In der Gewaltfreien Kommunikation geht es aber genau darum: seine Gefühle zu benennen. Das ist allerdings gar nicht so einfach, wie es sich anhört. Denn zunächst sind wir nicht so geübt darin, unsere Gefühle zu *benennen*. Manchmal fehlen uns dafür regelrecht die Worte. Und zweitens glauben wir oft, Gefühle zu zeigen, während wir eigentlich unsere Gedanken äußern. Ein Beispiel: »*Ich habe das Gefühl, keine gute Mutter zu sein.*« Dieser Satz gibt vor, ein Gefühl zu beschreiben. Das tut er aber nicht. Denn die Vorstellung von einer »guten Mutter« ist ein Gedankenkonstrukt. Das zu dem Gedanken »*Ich habe das Gefühl, keine gute Mutter zu sein*« passende Gefühl wäre vielleicht: »*Ich bin traurig.*«
Auch mogeln sich in vermeintliche Sätze über unsere Befindlichkeit unbewusst Bewertungen ein. Zum Beispiel: »*Ich fühle mich provoziert.*« Auch hier wird dem anderen ein bestimmtes Verhalten unterstellt, nämlich dass dieser sich auf eine bestimmte, nämlich »provokative« Weise verhalte. Das passende Gefühl dazu wäre eventuell: »*Ich bin wütend/ärgerlich.*«
Achten Sie also darauf, keine Gedanken zu benennen, sondern das darunter liegende Gefühl zu finden.

- *Schritt 3: Erkennen Sie die Bedürfnisse, die hinter Ihren Gefühlen stecken.*
In vielen unserer Aussagen verstecken sich Bedürfnisse. In dem Vorwurf »*Du verstehst mich nie!*« z. B. steckt der Wunsch, verstanden oder gesehen zu werden. Wenn man einem Kind an den Kopf wirft: »*Es ist so unverschämt von dir, dass du nie machst, was ich dir sage!*«, meinen wir eigentlich: »*Ich möchte, dass du meine Ansagen ernst nimmst!*«
Prüfen Sie also immer mal wieder: Welches Bedürfnis, welcher Wunsch steckt hinter meiner Aussage? Und zwar ganz unabhängig

davon, ob dieser Wunsch in Erfüllung gehen kann oder nicht. Es ist zunächst nur wichtig, sich über diesen Wunsch klar zu werden.

- *Schritt 4: Formulieren Sie Bitten.*

Statt Forderungen zu stellen, Vorwürfe zu machen oder Anweisungen zu erteilen, ist es hilfreicher, seine eigenen Bedürfnisse/Wünsche zu erspüren und diese zum Ausdruck zu bringen. In der Regel sind Kinder, die um etwas gebeten werden, kooperativer als Kinder, die zu etwas gezwungen werden. Vorausgesetzt allerdings, sie haben auch die Möglichkeit, Nein zu sagen, ohne bestraft oder beschimpft zu werden. Eine Bitte muss auch klar, eindeutig und erfüllbar sein. Sätze wie *»Ich bitte dich, dass dein Zimmer nie mehr unordentlich ist«* oder *»Versprich mir, dass du nie wieder zu spät kommst«* sind also nicht im Sinne der Gewaltfreien Kommunikation. Ein Satz wie *»Ich bitte dich, im Laufe des Wochenendes deinen Wäschehaufen wegzuräumen«* dagegen schon.

Dazu gehört natürlich auch die Einsicht, dass nicht alle unsere Wünsche erfüllt und nicht alle unsere Bedürfnisse befriedigt werden. Nur weil ich eine Bitte äußere, muss der andere sie nicht erfüllen.

Forderungen stellen eine Hierarchie her (*»Ich fordere etwas, und du musst das erledigen«*), während Bitten eher unter Gleichberechtigten angesagt sind. Sicher müssen Eltern an ihre Kinder gelegentlich auch Forderungen stellen. Wenn es aber um zwischenmenschliche Themen geht, sind Forderungen eher unangebracht.

Jugendliche besser verstehen: Welches Bedürfnis hat mein Kind?

Mit der Methode der Gewaltfreien Kommunikation haben Sie das nötige Handwerkszeug, um sich Ihrem Kind (und anderen Menschen) gegenüber klar und differenziert zu äußern. *Ziel der Gewaltfreien Kommunikation ist immer, in einen aufrichtigen Kontakt miteinander zu gehen. Voraussetzung dafür ist ein grundlegender Respekt vor der Haltung und Meinung des Gegenübers.*

Umgekehrt hilft die Methode der Gewaltfreien Kommunikation, die Botschaften Ihres Kindes besser zu entschlüsseln. Das gelingt übrigens auch dann, wenn Ihr Kind sich nicht an die oben genannten Schritte hält – was ja von einem Jugendlichen kaum zu erwarten ist. *Sie können als Zuhörer die Methoden der Gewaltfreien Kommunikation immer anwenden, und zwar ganz gleichgültig davon, was Ihr Teenager sagt und wie er sich ausdrückt.*

Wir sollten dafür – in Analogie auf das oben Beschriebene – dann besonders darauf achten,

- was unser Kind fühlt,
- was es braucht, und
- was es sich (unausgesprochen oder indirekt) von uns wünscht.

Helfen Sie Ihrem Kind also dabei, seine Gefühle zu benennen und möglichst konkret seine Wünsche zu äußern. Das können Sie, indem Sie z. B. Rückfragen stellen, ob Sie etwas richtig verstanden haben: *»Stimmt es, dass du dich … fühlst?«* – *»Wünschst du dir, dass …«?*

Beachten Sie: Nur weil ein Kind seine Wünsche äußert, sind Sie nicht verpflichtet, diese zu erfüllen. Oftmals liegen den Aussagen von Jugendlichen aber Bedürfnisse zugrunde, die Sie leicht befriedigen können, etwa sein Bedürfnis, gehört oder ernst genommen zu werden oder mitbestimmen zu dürfen.

Bei vielen Konflikten zwischen Eltern und Teenagern geht es letztlich tatsächlich nicht darum, dass der Jugendliche seine Interessen durchsetzen, sondern dass er sich wahrgenommen fühlen möchte. Wenn Sie sich also den Bedürfnissen des Jugendlichen zuwenden, werden sich Konflikte mit ihm hinfort schneller lösen lassen.

7 No-Gos: Was Sie jetzt lieber lassen sollten

Zum Schluss möchte ich Sie nur noch auf ein paar Dinge hinweisen, die bestens dazu geeignet sind, die Pubertät Ihres Kindes unnötig zu verkomplizieren. Wenn Sie das tun wollen, halten Sie sich bitte nicht an folgende Tipps!

1. *Geben Sie nicht der Versuchung nach, immer alles unter Kontrolle haben zu wollen.*

Das ist nicht nur viel zu anstrengend, sondern auch aussichtslos. Ihr Kind braucht seine Nischen, in denen es unbeaufsichtigt von seinen Eltern neue Erfahrungen machen kann. Geheimnisse und Heimlichkeiten gehören dazu.

2. *Tun Sie Kummer und Probleme des Kindes nicht als »Pubertätsverhalten« ab.*

Nehmen Sie seine Nöte – wenn es denn welche hat – immer ernst und stehen Sie ihm bei, wenn es Sie braucht. Nur weil es in der Pubertät ist, muss es ihm ja nicht schlecht gehen.

3. *Gehen Sie Auseinandersetzungen nicht aus dem Weg.*
Bei allem Verständnis: Jugendliche brauchen Erwachsene, mit denen sie sich auseinandersetzen können. Eltern, die sich alles gefallen lassen, Spannungen schlecht aushalten können oder keine Meinung haben, sind hier besonders gefordert.

4. *Ziehen Sie sich nicht (längerfristig) zurück.*
Manche Eltern sind so enttäuscht und gekränkt von dem Verhalten ihres Kindes, dass sie sich innerlich zu distanzieren beginnen. Das tun sie, weil sie sich selbst schützen wollen. Das ist zwar verständlich, für den Teenager jedoch problematisch: Er fühlt sich dann allein gelassen, manchmal sogar bestraft. Jugendliche reagieren darauf oft mit »provokativem« Verhalten oder mit Rückzug und Resignation (»*Denen ist es doch egal, wie es mir geht.*«).
Achten Sie also darauf, dass Sie diese Kränkungen so verarbeiten, dass Sie weiterhin präsent sein können. Eventuell mithilfe einer Therapie!

5. *Mischen Sie sich nicht (ständig) ein.*
Teenager reagieren (verständlicherweise) allergisch, wenn sich Eltern zu sehr in ihre Privatangelegenheiten einmischen. Das kann Freundschaften betreffen, aber auch manche Schulangelegenheit, die der Jugendliche selbst regeln möchte. Dieses Elternverhalten wird oft als grenzüberschreitend und kontrollierend empfunden. Lernen Sie, sich immer mehr zurückzuhalten. Ihr Kind wird es Ihnen (später) danken!

6. *Bewerten Sie Verhalten, Outfit, Freunde usw. des Teenagers möglichst nicht.*
Auch wenn das manchmal schwerfällt: Eltern tun gut daran, wenn sie sich mit Kommentaren einfach mal zurückhalten Der Jugendliche will nicht immer hören, wie Mama und Papa etwas finden. Wenn Sie etwas rückmelden wollen, dann fragen Sie, ob Ihr Kommentar erwünscht ist. Respektieren Sie ein Nein.

7. *Bevormunden Sie Ihr Kind nicht.*
Jugendliche wollen gerne selbst Entscheidungen treffen. Umso gereizter reagieren sie, wenn sie das Gefühl haben, dass Entscheidungen über ihren Kopf hinweg getroffen werden. Das konterkariert genau ihren Wunsch nach Eigenmacht und Selbstständigkeit. Vor allem natürlich, wenn es hauptsächlich um sie geht, wollen sie mitbestimmen oder – wenn das nicht geht – zumindest über den Entscheidungsprozess informiert werden. Akzeptieren Sie, dass Ihr Teenager manchmal »falsche« Prioritäten setzt und »Fehler« macht. Fehler zu machen gehört zu allen Lernprozessen dazu!

Geht doch!
Warum das Leben mit Teenagern Spaß macht

»*Weißt du, was heute passiert ist? Mein Sohn hat mit mir gesprochen! Einen ganzen Satz hat er herausgebracht! Und weißt du, was er gesagt hat? Er hat gesagt: ›Mama, krieg ich Geld?‹*« Die Frau kicherte. Die andere grinste breit und erwiderte: »*Hehe, vermutlich ›geht er auf Party‹!*« Sie lachten herzlich. »*Naja, mal im Ernst*« sprach die zweite, nachdem sie sich beruhigt hatten: »*Meiner Tochter ist es mittlerweile total egal, was ich sage. Sie redet nur noch mit ihren Freundinnen. Alles, was ich sage, ist doof. Ich bin voll unten durch.*« Sie lächelte gequält. »*Aber schau mal*«, tröstete die andere, »*das ist doch besser, als wenn sie dir immer noch auf dem Schoß sitzt. Also echt. Stell dir das mal vor! Das will man doch auch nicht – eine 13-Jährige, die einem am Rockzipfel hängt. Das wäre doch auch nicht normal.*«

Und nach einer kleinen Pause sagte sie: »*Also ich finde es ehrlich gesagt total klasse, dass mein Sohn jetzt mehr so sein Ding macht und mich nicht mehr so belagert.*« Sie gluckste: »*Hab ich wenigstens wieder mehr Zeit für mich!*« – »*Ja, auch wieder wahr,* « seufzte die andere. »*Du hast ja recht. Vielleicht sollte ich es mal so sehen!*«

In einem Schwimmbad wurde ich kürzlich unfreiwillige Zeugin dieses Dialogs. Es war leicht zu erkennen, dass die beiden im Wasser plantschenden Damen sich über ihre pubertierenden Kinder unterhielten. Ich konnte mir ein Lächeln nicht verkneifen. Zu gut kannte ich diese gemischten Gefühle, diese Unsicherheit, dieses Grübeln. Immerhin haben bereits drei meiner Kinder die Pubertät durchlaufen. Und ich mit ihnen. Diese Phasen waren durchwachsen, aber immer sehr erkenntnisreich. Ich habe nicht nur einiges über die Liebe und das Loslassen gelernt, sondern auch viel über mich selbst erfahren.

»Mama, chill mal!« Wie oft musste ich mir diesen Satz von meinen Kindern anhören! Und was soll ich sagen? Sie hatten ja recht. Je entspannter wir Eltern wurden, desto besser ging es der ganzen Familie. Ähnliches erlebe ich auch mit Familien, die zu mir in die Beratung kommen. Humor, Gelassenheit und Zuversicht – das sind die Dinge, die Sie jetzt brauchen und pflegen sollten.

Ich hoffe sehr, dass auch Sie später mal sagen können, dass Sie die

Pubertät Ihrer Kinder nicht nur gut überstanden, sondern auch als bereichernd erlebt haben. Der Lohn für die gemeinsam überstandenen »wilden Jahre« sind selbstständige Erwachsene, die uns liebevoll-kritisch gegenüberstehen und unser Leben schon dadurch bereichern, dass sie einfach sind, wie sie sind.

Mit dieser Gewissheit in Kopf und Herz streitet und liebt es sich in der Pubertät des Kindes etwas leichter. In diesem Sinne wünsche ich Ihnen viele lehrreiche Erlebnisse mit Ihrem Jugendlichen, spannende Diskussionen und viele gemeinsame Kicherstunden. Denn eines ist – in Anlehnung an Loriot – doch klar: Ein Leben ohne Teenager ist möglich, aber sinnlos!

Anhang

Anmerkungen

1 Vgl. Tovar, Christiane (2010): Pubertät – das Leben ist eine Baustelle. Planet wissen. http://www.planet-wissen.de/alltag_gesundheit/familie/pubertaet (Zugriff: 23.6.2014).

2 Vgl. Unfälle, Gewalt, Selbstverletzung bei Kindern und Jugendlichen. Statistisches Bundesamt Wiesbaden 2012. https://www.destatis.de/DE/Publikationen/Thematisch/Gesundheit/Gesundheitszustand/UnfaelleGewaltKinder5230001107004.pdf?__blob=publicationFile.

3 Alle Fallbeispiele in diesem Buch sind fiktiv, kommen aber in ähnlicher Art und Weise in der Beratungspraxis vor.

4 Moeller, Michael Lukas (2002): Die Wahrheit beginnt zu zweit. 18. Aufl. Rowohlt, Reinbek bei Hamburg, S. 69.

5 Sohni, Hans (2011): Geschwisterdynamik. Psychosozial, Gießen, S. 82.

6 de Saint-Exupéry, Antoine (1984): Der Kleine Prinz. Karl Rauch, Düsseldorf, S. 52.

7 Fromm, Erich (2010): Die Kunst des Liebens. 69. Aufl. Ullstein, Berlin, S. 65.

8 Fried, Erich (1996): Was es ist. In: Es ist was es ist. Liebesgedichte, Angstgedichte, Zorngedichte. Neuausgabe. Wagenbach, Berlin, S. 43.

9 Kabat-Zinn, Jon (1999): Stressbewältigung durch die Praxis der Achtsamkeit. Buch und CD. Arbor, Freiamt im Schwarzwald; ders. (2007): Achtsamkeit und Meditation im täglichen Leben. Buch und 2 CDs. Arbor, Freiamt im Schwarzwald.

10 Welter-Enderlin, Rosemarie / Hildebrand, Bruno (2012): Resilienz – Gedeihen trotz widriger Umstände. Carl Auer, Heidelberg.

11 Adorno, Theodor W. (2003): Minima Moralia, Reflexion aus dem beschädigten Leben. Suhrkamp, Frankfurt am Main, S. 218.

Quellennachweis

64 Aus: Antoine de Saint-Exupéry, Der Kleine Prinz. © 1950 und 2014 Karl Rauch Verlag, Düsseldorf.

76 Erich Fried, Was es ist. Aus: Es ist was es ist. © Verlag Klaus Wagenbach, Berlin 1983.